本书是国家社科基金项目教育学国家青年课题“高校青年引进人才科研生产力的影响因素及其作用机制研究”（CIA170272）的研究成果

高校青年人才科研生产力的影响因素及其作用机制研究

黄亚婷　刘　浩　著

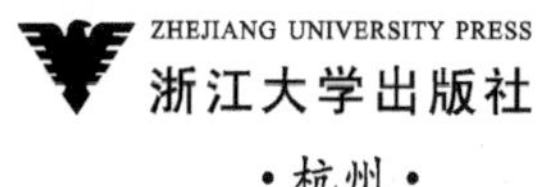

·杭州·

图书在版编目(CIP)数据

高校青年人才科研生产力的影响因素及其作用机制研究 / 黄亚婷，刘浩著. —杭州：浙江大学出版社，2023.3

ISBN 978-7-308-21937-2

Ⅰ.①高… Ⅱ.①黄…②刘… Ⅲ.①高等学校—青年人—科学研究工作—科技生产力—研究—中国 Ⅳ.①G644

中国国家版本馆 CIP 数据核字(2023)第 050071 号

高校青年人才科研生产力的影响因素及其作用机制研究

黄亚婷　刘　浩　著

责任编辑　曲　静
责任校对　杨　茜
封面设计　周　灵
出版发行　浙江大学出版社
（杭州市天目山路 148 号　邮政编码 310007）
（网址：http://www.zjupress.com）
排　　版　浙江大千时代文化传媒有限公司
印　　刷　广东虎彩云印刷有限公司绍兴分公司
开　　本　710mm×1000mm　1/16
印　　张　12.75
字　　数　210 千
版 印 次　2023 年 3 月第 1 版　2023 年 3 月第 1 次印刷
书　　号　ISBN 978-7-308-21937-2
定　　价　68.00 元

目　录

图表目录

第一章　导　论

第一节　研究背景

一、科技创新与高校青年人才引进

创新是民族进步之魂，实施创新驱动发展战略，建设创新型国家，是时代赋予的历史使命。党的十八大强调科技创新是提高社会生产力和综合国力的战略支撑，必须摆在国家发展全局的核心位置。2013 年，习近平总书记在甘肃调研考察期间强调，"必须紧紧抓住科技创新这个核心和培养造就创新型人才这个关键"[①]。2017 年，习近平总书记在党的十九大报告中明确指出，创新是引领发展的第一动力，要培养一大批具有国际水平的创新人才。[②] 2020 年，习近平总书记在党的十九届五中全会中再次强调，"坚持创新在我国现代化建设全局中的核心地位，把科技自立自强作为国家发展的战略支撑"[③]，强调深入实施科教兴国战略、人才强国战略、创新驱动发展战略，完善

---

① 新华网. 习近平春节前夕赴甘肃看望各族干部群众[EB/OL]. (2013-02-05)[2022-02-15]. http://www.xinhuanet.com/politics/2013-02/05/c_114621852.htm.

② 习近平. 决胜全面建成小康社会 夺取新时代中国特色社会主义伟大胜利——在中国共产党第十九次全国代表大会上的报告[EB/OL]. (2017-10-18)[2022-02-15]. http://www.gov.cn/zhuanti/2017-10/27/content_5234876.htm.

③ 新华网. 中国共产党第十九届中央委员会第五次全体会议公报[EB/OL]. (2020-10-29)[2022-02-15]. http://www.xinhuanet.com/politics/2020-10/29/c_1126674147.htm.

国家创新体系,加快建设科技强国。

科技创新离不开人才,人才是科技创新之本,人才政策是人才工作之基。在全球化浪潮和国际竞争加剧的格局中,人才政策在推动人才流动与集聚人才资源的过程中发挥了强有力的干预作用。近十年来,我国已将科技人才政策提升至国家战略层面。研究显示,自20世纪60年代以来,人才政策已经从经济驱动走向多元环境驱动和政策驱动(黄海刚、曲越,2018)。2010年,《国家中长期人才发展规划纲要(2010—2020年)》(以下简称《纲要》)强调以培养造就创新型科技人才为主要任务,以高层次创新型科技人才为重点,努力造就一批世界水平的科学家、科技领军人才、工程师和高水平创新团队,注重培养一线创新人才和青年科技人才,建设宏大的创新型科技人才队伍。[①]《纲要》强调重点围绕国家发展战略目标,在中央、国家有关部门、地方分层次、有计划地引进一批能够突破关键技术、发展高新技术产业、带动新兴学科的战略科学家和创新创业领军人才。借助各项人才政策,我国高等教育的发展储备了高质量的青年人才队伍。在拓展学科体系的前沿发展领域的基础上,不仅改善并优化了我国研究型大学的高校师资队伍结构,也促生了我国高等教育内部的生机与活力。总体而言,人才引进政策已成为引进优秀青年人才、优化我国人才格局、提升整体科研实力和科技创新能力、促进实施科教兴国战略和人才强国战略的重要抓手。

二、"人才强校"与高校青年人才培育

高校是青年人才引进的主要载体,我国为实现世界一流大学与一流学科的建设,积极应对全球化激烈的人才竞争和我国高等教育发展改革的新形势、新问题和新挑战,提出实施"人才强校"战略,试图建设一支高素质、高水平的高校师资队伍以构筑创新型人才高地,为未来发展赢得竞争优势,获得可持续发展的资源(陈海燕,2010)。在"人才强校"办学理念指导下,高校以各层次人才计划为抓手,纷纷制定了人才引进政策。根据郭书剑和王建华

---

① 新华社. 国家中长期人才发展规划纲要(2010—2020年)发布[EB/OL]. (2010-06-06)[2022-2-18]. http://www.gov.cn/jrzg/2010-06/06/content_1621777.htm.

(2017)对我国东部、中部和西部140所大学有关高层次人才引进的政策文本分析可知,我国大学引进高层次人才的思路和方式基本相似,即对高层次人才进行分类、定级并在此基础上提出招聘条件、支持条件和薪资待遇。我国不同地区、不同层次大学对高层次人才提供了不同资助标准的年薪、科研经费、住房面积和安家费等。过去十多年间,越来越多自然科学或者工程技术领域富有研究热情和创造力的拔尖人才回到国内高校工作,助力我国高等教育的内涵发展和我国高校创新能力的提升。这批拔尖青年人才正处在科研创新的黄金时期,思维活跃,能够时刻掌握学术前沿,把握科研进展,是科研产出的生力军和主力军。

引才是手段,用才是目的。正如刘永林和周海涛(2018)所指出的,"引、融、用、留"是贯穿高校引才工作始终的基本环节。引进是前提、融合是基础、效益是根本、稳定是关键,四者相互联系、相互作用。"人才强校"战略实施的重点不仅仅在于高层次人才的引进环节,更需要重视和强调使用与培养环节。当前各高校高度重视高层次人才引进问题,但是往往忽略了人才进校工作后的培育问题,大大削减了人才引进政策的正向效应。例如,许日华和乐传永(2017)指出,部分高校青年人才引进后面临诸如定位、配置、使用、评价等一系列问题。刘永林和周海涛(2018)指出,由于人才引进周期短、见效快,而人才培养周期长、见效慢,一些高校"重引进、轻培育",致使人才引进工作短期化、功利化和物质化。有研究表明,大学对高层次人才越是依赖,其风险系数便越高(罗家才,2017)。换言之,当前高校人才引进力度增大,但内部人才培育力度不足,会引发诸多后续问题,从而制约人才政策效益的发挥。因此,如何充分激发青年人才进校工作后产生的实际效能,破解人才"引进"和"培育"协同配套机制不健全的困境,成为各高校亟待解决的问题(刘永林、周海涛,2018)。

三、"科研明星"与人才工作效益

学术系统是一个高度分层、分化的系统(克拉克,1994),这个系统存在"啄食等级"(Becher & Trowler,2011),只有少数的学术精英占据学术界塔尖。在西方,学术精英的主要身份表征为符号识别,拥有例如"诺贝尔奖得主""科学院院士""专业学会理事长""期刊编委""高被引作者"等身份就意味着他们在学术工作和实践领域中被学术共同体认可。在我国,"学术精英的唯一识别符号就是获得人才项目”(郭卉、姚源,2019),借助国家级人才计划通过官方“加印”的方式获得进入学术精英序列的“入场券”。作为高校教师群体中的“科研明星”,他们享有丰厚的政策资源且被各利益相关主体寄予厚望。哈佛大学有关研究显示,在缺乏合理使用和有效激励时,人才的开发效益仅仅发挥20%～30%;而在科学、合理使用和良好激励下,将发挥至80%～90%(邸峰,2012)。这充分说明高校在引进人才后,面临的关键问题在于如何科学、合理、有效地激发引进人才的工作效益。

一般来说,环境、经费和政策是影响青年创新人才成长发展的重要外部挑战(赵雷等,2011)。作为高校教师群体中的“科研明星”,与本土朋辈青年学者相比,青年引进人才拥有国际化的开阔视野,前沿性的知识储备,非本土的思维方式,因而具备引领创新、发挥科技创新主力军作用的独特优势(杨河清、陈怡安,2013)。相比年资更深的高层次人才,青年人才的特点在于国际化程度更高,对新知识、新技能的接受能力更强,其学习和研究的过程和环境几乎完全与全球科技发展同步(宋永华、朱晓芸,2016)。高校青年引进人才具备学术基础、科研能力、国际视野、学术头衔和政策支持等多方面的天然优势,但是人才进校工作后却面临成长与发展各方面的现实问题。一些青年引进人才回归本土后,出现了诸如难以处理复杂的人际关系(陈昌贵、高兰英,2000)、不适应国内高校管理体制(张东海、袁凤凤,2014;蓝秋香、林荣日,2016)、无法建立国内学术网络和学术人脉(朱佳妮,2017)等“水土不服”的现象。引进人才具备的天然优势无法直接作用于人才工作效益,从而产生了人才引进工作“投资”与“回报”无法匹配的问题。因此,本书从评估人才政策绩效的角度入手,关注如何提升青年人才进校工作后的工作效益问题。

四、学术业绩与“科研生产力之谜”

自20世纪80年代以来,伴随着全球化与知识经济浪潮,新管理主义思想席卷了全球高等教育,给高等教育管理体制和大学教师学术工作带来了前所未有的巨大影响。为了提升以科技为核心的全球竞争力,我国针对高等教育体制开展了一系列人事制度改革,以期提升大学教师的工作效率、激发学术活力。在高校人事制度改革和各类高层次人才项目的交互作用下,各高校对青年引进人才的学术业绩提出了“高标准”和“严要求”。其中,科研生产力(research productivity)作为衡量青年引进人才工作表现和学术业绩的核心指标,能够帮助相关利益主体衡量高校人才引进工作的实际成效。然而,学术界一直存在"科研生产力之谜"(the productivity puzzle)的说法,即高校教师的科研生产力受到多方面复杂因素的影响,以致无法对教师个体的科研产出做出简单直接的预测(Cole & Zuckerman,1984)。

人才政策的目的在于提高国家竞争力,为了验证其是否有效地服务于国家创新驱动发展,不少研究开始深入分析人才引进项目的"反哺效应"。近些年,学术界开始对人才项目入选者的学术业绩、人才政策的实施效果等进行评估性研究。一些研究证实了人才项目的积极效应,既体现在科研论文发表的可观数量上(Yin & Zhi,2017),又体现在较高的质量和影响力上(刘云、杨芳娟,2017)。也有研究证明了"具有海外经历的科学家并不'高产',但是在'优产'方面具有优势"(黄海刚、连洁,2020),并且"学者在回国后的最初几年,其研究生产力是显著下降的,大多数学者直到回国3～5年后才在研究生产力上有明显改善"(魏立才、黄祎,2020)。但有研究意识到人才政策的发展也有不尽如人意之处。例如有研究认为"引进计划"并没有成功地吸引最优秀的科研人员回国(Zweig & Wang,2013);有研究证明,相当部分被"重金"引进的"科研明星"进校工作后存在诸如使用率低、工作绩效平庸化和科研生产力显著弱化等严峻问题(宋永华、朱晓芸,2016)。有学者还研究海归教师与本土教师的科研生产差异,发现无论在中文科研产出还是英文论文发表的数量和质量上,两者都没有显著差异(叶晓梅、梁文艳,2019)。从中不难发现,"科研生产力之谜"直接加剧了高校人才引进工作的潜在"投资风险",既不利于青年引进人才自身的后续发展,也会成为阻碍高校科研创新能力提升的隐患。因此,以科研生产力为切入点,加深对高校青年引进人才群体科研生产活动及其效率的理解,有助于促进青年学术人才个体发展,改善学术人才成长环境,优化国家学术人才引进和高校人才培育政策。

第二节　研究目的与问题提出

党的十九大报告指出,创新是引领发展的第一动力,是建设中国特色社会主义现代化强国的战略支撑;人才是实现民族振兴、赢得国际竞争主动的战略资源。党的二十大报告更是强调科技自立自强,人才引领驱动,创新引领发展。过去十多年,我国通过各项人才政策吸引了一批最富创新激情和创新能力的优秀青年人才回流,为我国未来 10～20 年科技产业的跨越式发展提供了支撑。理论上,这批学术精英群体将逐步成长为我国科技创新的主力军;实际上,由于人才回国后的适应和培育问题,诸多现实因素往往会制约人才引进政策的效益。基于此,本书的研究目的在于评估人才引进的政策效应,并在此基础上挖掘促进人才引进政策产生正向效应的影响因素及其作用机制。

本书的研究问题包括:(1)人才引进政策是否有效?即符合人才政策被引进回国工作的高校青年人才进入高校工作后是否具有更好的科研产出?(2)人才引进政策为什么有效?即影响高校青年人才科研生产力的影响因素有哪些?这些不同层次影响因素之间的作用机制又如何?以此明确人才引进政策为何能够发挥作用。

第三节　研究意义

一、理论意义

首先,本书有利于丰富关于学术职业"科研生产力之谜"的相关研究。个体特质、环境要素、社会制度是传统分析框架下制约青年引进人才科研生产力发展的重要因素,但随着社会的不断发展和演化,社会多种要素和多层子系统之间密不可分、相互作用,传统因素的单一影响难以全面、系统地解释人才政策产生效应的原因。本书在借鉴布朗芬布伦纳(Bronfenbrenner)社会生态理论的基础上,形成学术生态模型的分析框架,探索和分析促使人才政策产生效应的因素。社会生态理论强调微系统、中系统、外系统和宏系统四者之间的相互影响状态(Bronfenbrenner,1977)。Bronfenbrenner 认为,个体的发展不是孤立被动的,而是受到所处的不断变化的嵌套式环境的影响(Bronfenbrenner,1986)。本书将学术背景纳入社会生态理论中,形成学术生态模型框架,试图从不同层面综合、系统地剖析影响青年引进人才科研产出的因素。

其次,本书有利于丰富关于我国人才引进政策的政策研究。"如果无法科学客观地识别和评估政策的效果，那么关于政策效果的讨论就更多的是基于哲学理念的争论，反映的只是不同学者的先验经验与偏好的差异”(赵婷茹、李世杰、朱沛祺，2021)。人才引进政策作为国家实现人才强国的重要手段，评估其有效性能够帮助政策制定者清晰地了解政策目标的实现程度，进而优化和完善后续政策的基本走向。学术界有些研究尝试用定量的方法评估政策效果，但大多采用描述性统计法反映各项指标的数据特征，并以此为依据分析青年引进人才的引进状况，判断人才政策的实施效果。这些研究普遍缺乏对因果关系和内生性问题的思考。随着政策绩效评估计量方法的日趋成熟，有研究开始使用专门分析政策效果的计量方法——双重差分法(differences-in-differences method，以下简称 DID 方法)考察海外高层次人才引进政策的效果(Marini & Yang，2021)。但研究只解决了“是否有效”的问题，在对“为什么有效”的回答上挖掘不够深入、解释力度不足。本书采用解释性序列设计的混合研究方法，先采用倾向得分匹配基础上的 DID 方法考察高校青年人才引进政策的政策效应并采用结构方程模型分析政策效应得以发挥作用的过程，再采用具有综合视角的学术生态模型框架对定量研究结果进行深度解释和挖掘，即更加深入细致地分析在人才政策的作用下青年人才科研生产力的影响因素和作用机制。

二、实践意义

首先，本书能为新时期我国人才引进政策的改革与优化提供具体的政策建议。2021 年 5 月末，习近平总书记在中国科学院第二十次院士大会上指出，“要激发各类人才创新活力，建设全球人才高地。世界科技强国必须能够在全球范围内吸引人才、留住人才、用好人才”①。值此百年未有之大变局，国家对人才引进政策提出了更高的期望和要求。人才引进政策对我国形成良好的识才、聚才、用才的人才引进氛围和机制，激发广大人才的报国情怀，聚其合力实现“两个一百年”奋斗目标和中华民族伟大复兴，具有重要的引导作用。随着全球化进程的加速，科技人才越发成为我国实现创新发展的关键性

---

① 国务院新闻办公室. 习近平在中国科学院第二十次院士大会、中国工程院第十五次院士大会、中国科协第十次全国代表大会上的讲话[EB/OL]. (2021-05-28)[2022-02-15]. http://www.scio.gov.cn/tt/xjp/Document/1705147/1705147.htm.

战略资源，高层次人才集聚产生的知识溢出、扩散以及倍增生产效应对我国社会的创新驱动发展具有重要作用。本书通过对人才引进政策的政策效应进行评估，从政策效应出发审视人才引进的效果，找出人才引进政策在制定与执行过程中的问题，从而不断优化和完善我国人才引进政策，吸引高层次人才回流，增加国家高层次人才资源储备。

其次，本书还对高校引进和培育青年人才的实践工作具有指导意义。青年引进人才是高校未来发展的生力军，是高校争创世界一流的中坚力量。引才投资对高校推动人才队伍可持续发展、推进一流学科和一流大学建设、赢取高校未来竞争优势具有不可取代的重要作用（刘永林、周海涛，2018；宋永华、朱晓芸，2016）。探索更新、更快、更特、更优的人才引进策略，持续引进、融合、用好和留住自身发展急需的人才，已成为高校未来发展的当务之急（刘永林、周海涛，2018）。本书不仅为提升高校引进人才的科研生产力提供实证依据，还为青年引进人才科研生产力的发展提供个人、关系、共同体和制度这四个考察维度，有利于从学术生态系统的角度为各高校青年人才引进与培育提供具体的指导意见。

第二章　文献综述

第一节　核心概念界定

一、高校青年引进人才

本书中的高校青年引进人才指的是自然或工程技术领域通过入选国家级人才计划入校工作的40周岁以下的青年人才。他们是从事科研领域同龄人中的拔尖人才，且具有成为该领域学术或技术带头人的发展潜力。

二、科研生产力

自柏林洪堡大学创建以来，科学研究逐渐成为高等教育的核心职能之一，科研活动也得以成为高校内部的主要活动。时至今日，随着技术革命的深远影响及知识在人类发展进程中的全方位渗透，现代化科学劳动已成为高度社会化的一般劳动，科研生产力则是科学劳动社会化的必然结果（陈艾华，2011；袁玉枝，2014）。科研生产力作为学术人员从事科学研究活动的一种产出能力，既包括通过发现、创造而实现理论创新、知识生产和科学发展的能力，也包括通过整合和应用实现技术创新、知识运用和转化的能力（Tien，2007；Abramo & Angelo，2014）。由于科研生产力的定义和测量复杂且困难，学界并未对科研生产力的具体内涵达成一致意见（梁文艳、刘金娟、王玮玮，2015；Townsend & Rosser，2007）。通过梳理已有的相关文献，本书发现高校教师科研生产力的测量基本上以学术产出（academic output）为测度指标，尤以学术期刊文章、学术会议论文及专著等公开发表或出版的科研成果最为常见(Olson,1994)。这些学术产出具有可见性和易收集性,因而在信息涵盖度、数据可得性、指标可比性和研究的可验证性方面都具有较大优势,通过对其的测量能够得出相对可靠的科研生产力(梁文艳、刘金娟、王玮玮,2015;Abramo & Angelo,2014)。但是,仅对高校教师的科研产出进行测量,会在一定程度上将研究视野局限在科研活动结束后的“描述性”分析阶段,这对于探索“科研生产力之谜”而言是远远不够的。本书量化研究阶段的科研生产力主要从文献计量学的角度出发,以论文发表数量、期刊影响因子和被引次数等指标为测度;质性研究阶段的科研生产力则主要从学术工作的新颖性、严谨性、正确性、深度、广度以及学科内外部关联性等角度出发对学术成果的影响力和创新性进行定性评估。

第二节　高校教师科研生产力的相关研究

国外学者对大学教师个体科研生产力的研究较早,最早的研究文献可以追溯至 20 世纪 40 年代,大量研究集中出现在 20 世纪七八十年代。20 世纪 90 年代末,随着以追求“经济(economy)、效率(efficiency)和效能(effectiveness)”为核心价值的新公共管理改革逐步发展为各国高等教育领域的主流话语和政策实践,大学教师的科研生产力这一议题再度引起了众多学者的关注。

通过对相关研究的学术史进行梳理,本书发现现有文献对高校教师科研生产力的研究大致可以划分为以下两个脉络。一是高校教师科研生产力的影响因素研究,即使用不同来源数据,采用各种统计方法对科研生产力的相关因素进行检验;二是高校教师科研生产力与其他结果变量之间的关系研究,即探讨科研生产力与诸如教师个体的组织公民行为、组织绩效、组织认同感、工作满意度等结果变量之间的关系。具体来说,国外学者对高校教师个体科研生产力的影响因素研究基本上可再细分为以下两类。一是综合相关影响因素,建立并检验综合性的解释模型;二是在控制其他相关因素的前提下探讨个别影响因素与科研生产力的关系(Bland,Center,Finstad,et al.,2005)。

一、科研生产力综合性影响因素的相关研究

在以往研究中,不同学者从不同角度提出了各种关于科研生产力的解释模型。Finkelstein(1984)指出,影响高校教师科研产出的7个核心变量包括明确的研究方向、该研究领域内的最高学历、学术职业生涯早期的科研产出习惯、近期的科研产出活动、与本学科领域内同事之间的交流、订阅大量的学术期刊以及拥有充足的科研时间。该研究构建了一个基于个体特征层面解释高校教师科研生产力的初始模型,但并没有阐明教师所在组织及制度层面对于其科研生产力的影响。Creswell(1985)则开始将一些影响教师科研生产力的组织层面的因素纳入研究。他认为当一位科研人员被一所奖励科研活动、提供充足科研时间的重点大学录用时,其科研生产力会得到提升,并指出组织文化与氛围对于教师从事科研活动的重要性。从中可以看出,个体与组织层面的因素都对科研生产力有一定程度的影响。此后,Dundar 和 Lewis(1998)构建了包含个体特质与组织特质两个层次的科研生产力模型。其中,组织特质包括组织结构与领导、院系文化与工作环境两个维度。基于对美国3600多个博士研究生项目的研究,本书发现群体规模是影响教师研究生产力的重要的因素之一,但组织规模存在边际效应,并非越大越好。然而,上述模型都是针对单个国家的高校教师科研生产力进行的探讨,尤以美国为主。Teodorescu(2000)则以澳大利亚、巴西、智利、中国香港、以色列、日本、韩国、墨西哥、英国和美国这10个国家或地区为样本,发现不同国家或地区有不同的学术体系及科研生产模式,并没有一个具有极强普适性的科研生产力模型。但是该研究也发现教师积极参与学科及研究领域相关的各类专业活动,如加入专业学会、参与学术会议等,能够显著提升其科研生产力。对于学科领域的热情是学术职业安身立命之本,所以才会有“学者对于学科的忠诚往往大于对于学校的忠诚”这类论断。

Bland 等(2005)将有关教师科研生产力的各类因素综合成一个模型,具体包括8个个体层面特质、15个组织层面特质与4个领导力层面特质,详见图2-1。

在该模型中,具有充足学术训练素养的教师个体能够充分应对科研活动,当这类个体进入由具备重要领导力特质的管理者领导并且采用明确的参与式领导形式的组织环境中,其科研生产力是最高的。同时,该研究也表明

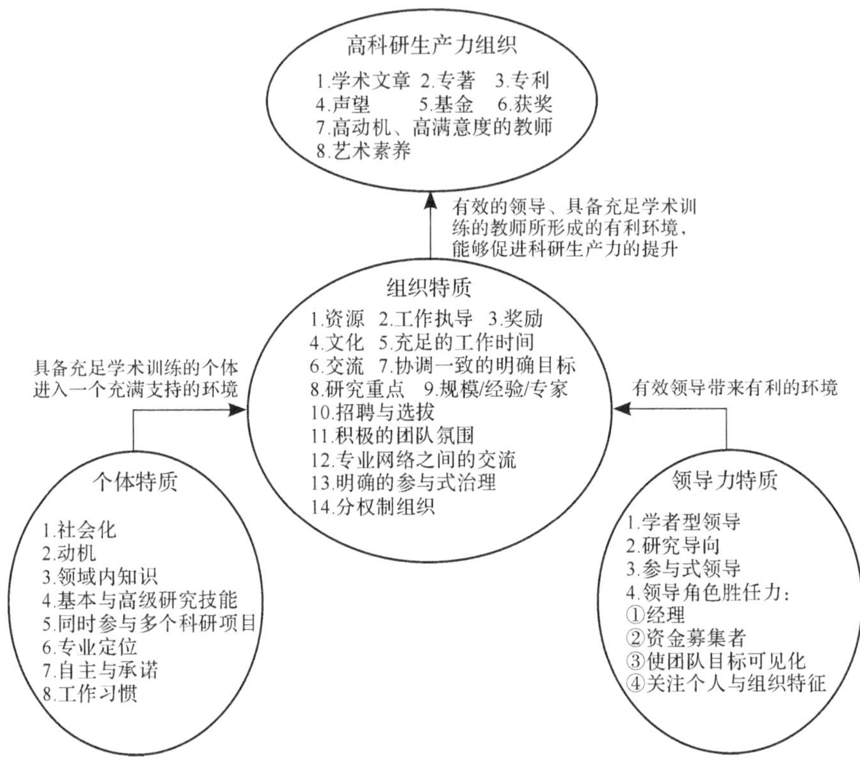

图 2-1 科研生产力的综合模型（Bland，Center，Finstad，et al.，2005）

这三类层面的特质具有等级性，即对于提升教师科研生产力而言，教师个体特质虽然是必不可少的，但或多或少都依赖其所处的组织环境对于科研活动的促进程度，而该组织领导者的个人特质及其领导方式又会对组织效用的发挥产生调节作用。基于此，Bland 等（2005）在后续实证研究中对该模型的效度进行了检验，认为该模型能够预测教师的科研生产力，并进一步发现教师个体的科研生产力主要受到个体层面和组织层面特质的影响，而作为一个群体的科研生产力则更多地受到组织层面和领导层面特质的影响。通过 Bland 等对科研生产力模型的连续研究，可以发现这三个层面的特质具有交互作用，对教师个体与组织群体的科研生产力产生影响。虽然 Bland 等的研究为我们提供了一个较为完整的科研生产力研究框架，但这些研究的具体数据都是基于明尼苏达大学医学院教师的问卷调查，使得该模型的外部效度受到国家、院校、学科等多方面的制约。

通过梳理，本书发现上述科研生产力解释模型的构建或基于不同国家，或基于某类院校，或基于具体学科，一般都具有很强的情境属性，需要谨慎应用在后续研究中。同时，我们发现高校教师科研生产力影响因素的解释模型，基本上都是从个体和组织两个层面出发来验证各种细化的个体因素和组织因素对科研生产力的影响，提醒我们应着重关注这两个层面的因素对于高校教师科研生产力的影响。

二、科研生产力个体层面影响因素的相关研究

在教师个体特质层面，学者们探讨了包括年龄、性别、社会经济状态、教育背景等因素对科研生产力的影响（Braxton & Bayer，1986；Creswell，1986；Tien & Blackburn，1996）。其中，个体特质与科研生产力之间的关系研究是主要形式。

（一）年龄因素

年龄是最易测量的人力资本，以人为主体的研究通常需要关注年龄因素。人力资本理论通常认为年龄越小，个体获得人力资本投资的有效时间则越长，这为其生产力的不断提高提供了更强的积累优势。不过随着个体年龄增长到一定阈值后，其生理资本和人力资本都会逐渐减少，个体生产力也会随之下降（Becker，1962）。年龄和生产力之间的这种非线性关系，同样适用于高校工作领域，但需要考虑高等教育领域的特殊情境。Blackburn 和 Lawrence（1986）概述了 4 种关于年龄的理论视角，分别是生理年龄、心理年龄、社会年龄、人生历程（社会—心理年龄），以探讨不同维度的年龄对于高校教师工作绩效的影响。一些学者发现年龄对于科研生产力具有正向影响，拥有更多学术活动经验且年龄更大的资深教授具有明显的累积优势，该群体的科研产出明显高于副教授与助理教授群体（Cole & Cole，1967；Long，1978；Fairweather，2002）。Smeby 和 Try（2005）通过分层线性模型也发现年龄结构对于教师科研产出具有显著影响。与此同时，也有大量研究认为随着年龄的增大，教师个体的科研产出反而会降低。例如有学者认为，教师个体在取得最高学位或获得职称晋升后，其学术职业生涯的安全感降低了个体的科研产出压力，使其科研生产力有所下降（Webber，2012；Tien & Blackburn，1996）。Jones（2010）、Jones & Weinberg（2011）则发现在科学研究领域，知识

创新者的创新生命周期是有限的，其年龄与创造力之间具有负相关关系，且这种变化幅度大于其他工作领域。当然，也有学者通过研究对此类观点提出异议，如 Stroebe(2010)就发现尽管早期研究通常认为教师个体的科研生产力在 40～45 岁之后会衰减，但这种现象并非绝对，年龄与科研产出之间的关系可能与不同国家各自独特的高等教育体制也有关联。也有一些学者发现，虽然在一定程度上可以用年龄预测教师的科研绩效，但仍须考虑其所处的具体学科及研究领域（Clark & Lewis，1985；Levin & Stephen，1989；Perry，Clifton，Menec，et al.，2000）。从中可以看出，年龄与其他因素共同交织，对于科研产出造成的影响渐趋复杂。

（二）性别因素

早期的大量研究都发现女性学者的科研产出低于男性学者，伴随着女性主义在西方的发展，科研群体的性别差异受到关注。有学者梳理了性别对于科研工作产生影响的三种论调，分别是个体能力方面的性别差异、个体职业与生活方式选择方面的性别差异、个体是否遭受性别歧视（Aguinis，Ji，Joo，et al.，2018）。个体能力方面的性别差异单纯强调生物学层面因素的影响，如男女之间对于数字和视觉空间的大脑处理模式不同，使得男性在处理量化任务方面优于女性（Wai，Cacchio，Putallaz，et al.，2010）；个体职业与生活方式选择方面的性别差异则指出女性的职业动机、职业偏好、工作目标、工作—生活价值观等都与男性不同，可能导致她们在职业生涯中做出更多的妥协和牺牲，从而选择退出某些特定的科学研究领域（Wang & Degol，2013；Kossek，Su，Wu，et al.，2017）；个体是否遭受性别歧视则从社会文化情境的角度出发，认为科学研究领域两性之间的资源分配不平衡，使得女性教师个体常常面临晋升机会有限、信任程度较低、合作机会较少等困境，而既有的性别歧视也会导致女性科学家的研究成果质量被低估，被认为不如她们的男性同侪（Tenenbaum，Leaper，2003；Xu，2008；Moss-Racusin，Dovidio，Brescoll，et al.，2012）。此外，性别刻板印象一直存在于科学生产领域，在自然科学等“男性主导”的领域尤为严重，使得身处其中的女性群体常常遭受隐性歧视（Cheryan，Ziegler，Montoya，et al.，2017）。Aguinis 等(2018)发现 STEM 领域中存在对女性教师隐含的性别歧视，使她们在这些“男性化的学科环境”（Trevino，Gomezmejia，Balkin，et al.，2018）中的科研产出增量与男性教师之间的分化不断增加。而学科领域自带的“性别特质”又或多或少影响了该领域所谓的专业化程度。如 Leahey(2006)通过联立方程模型，发现所属学科的研究专业化程度是一个加剧科研产出性别差异的关键干预变量。虽然有迹象表明，从 20 世纪 60 年代末到 20 世纪 90 年代初，科研生产力中的性别差异正在逐渐减少，其中许多差异可能更应归因于个人特质、结构立场及与家庭相关因素中的性别差异（Kyvik & Teigen, 1996; Prpić, 2002; Xie & Shauman,1998)，但当下依旧需要关注科研群体内部的性别差异，并在不牺牲科研生产力的情况下致力于性别平等（Aiston & Jung, 2015; Opesade, Famurewa, Igwe, 2017)。

（三）家庭因素

性别与家庭因素相互交织，一些研究认为女性教师个体往往由于家庭或配偶方面的原因，不得不降低自身的学术职业追求，甚至为了家庭因素而牺牲自己的职业生涯（Ceci & Williams, 2011; Ceci, Ginther, Kahn, et al., 2014)。具体而言，女性教师比男性教师要花费更多的时间来承担家庭责任，而学术职业生涯通常会受到家庭责任的影响。例如女性教师早期的学术职业生涯常与育儿阶段重叠，而后期的职业生涯则可能需要承担照顾家庭长者的责任，这些家庭负担对于女性教师的影响大于男性教师，使得一些女性教师选择放弃学术职业（Gmelch, Wilke, Lovrich, 1986; Cole & Zuckerman, 1987; Singh, Zhang, Wan, et al., 2018)。不过家庭因素无法直接观察测量，通过对既有研究的梳理，本书发现学者们常采取婚姻状况（Webber & Canché, 2015)、配偶职业（Cervia & Biancheri, 2017; Dickson, 2018)、子女数量（Stack, 2004; Wolfinger, Mason, Goulden, et al., 2008)、子女年龄（Sax, Hagedorn, Arredondo, et al., 2002; Cervia & Biancheri, 2017)、年迈父母（Sax, Hagedorn, Arredondo, et al., 2002)等作为家庭因素的观察变量，以考察其对女性教师个体学术生产力的影响。尽管如此，学术界关于家庭因素对教师个体科研生产力的影响莫衷一是，如承担家庭责任是否会削弱个体的学术生产，子女的数量与年龄如何影响科研工作轨迹，同为学术职业的配偶是否会助力个体发展等。在不同的文化、社会、学科情境下，采用不同的测量方法与研究手段，得到的结果不尽相同。但基于前文提到的性别因素，女性教师始终要面临工作和家庭的双重负担，如何平衡两者成为女性教师难以回避的问题(Sax, Hagedorn, Arredondo, et al. ,2002; Fox,2005; Hunter & Leahey, 2010;Webber & Canché,2015;Cervia & Biancheri,2017)。

(四)个体动机

动机一直是心理学、管理学、组织行为学等研究领域长期关注的重要变量。由于组织情境与个体特质的交互作用,学界一般将个体动机分为内部动机与外部动机,以此进行操作化定义和测量,如 Herzberg(1966)提出的双因素激励理论。在组织情境中,个体动机与工作绩效之间存在非常密切的关系,而如何激发员工的高工作动机成为管理者与研究者都十分关注的议题(Cerasoli,Nicklin,Ford,2014)。随着新公共管理改革席卷学界,经济、效率和效益成为评价高等教育机构的重要尺度,学术职业也不可避免地受到影响,如何有效地激励大学教师应对变革带来的压力,越发受到关注(Smith, 2012)。Feldman 和 Paulsen(1999)详细分析了影响学术职业个体动机的激励因素。物质层面的激励因素,如职称、晋升、绩效工资等,主要影响教师的外部动机;而学术职业的内在特性,如学术自由、探索未知、师生交往等,则是影响教师内部动机的重要因素。其中,科研产出与教师激励之间存在强相关,参与科研活动并享受其带来的挑战,成为高校教师留在学术界的主要动机之一(Akinyokun & Uzoka,2007;Noser,Manakyan,Tanner,1996)。然而洪堡理念揭示了教学与科研的内在联系,教师个体的教学动机同样值得关注。Turns(1991)认为教师对于教学和科研具有同等程度的内在动机,两者对于学术职业而言都是“引人入胜”的,不过随着大学与产业之间的联结日益紧密,外部研究经费的激增使得教师从事科研活动的收益——无论是物质还是声誉——都远大于教学,导致科研与教学之间的平衡被打破。Parker 和 Guthrie(2005)犀利地指出,随着政府投入的降低,一些大学的科研环境已经从追求知识转为追求利润,大学变得越来越像企业。一系列实证研究也揭示了科研与教学之间的潜在冲突,如 Feldman(1987)、Hattie 和 Marsh(1996)均通过元分析发现教师的教学效能(teaching effectiveness)与科研生产力之间并不存在显著的相关性,而后续研究(Marsh & Hattie,2002)也得出了同样的结论。Ramsden 和 Moses(1992)则通过对本科生教学评分、教师教学承诺感以及教师科研产出之间的关系进行量化研究,发现科研与教学之间并不存在如传统高等教育理念所认为的“互为补充”的关系。Bailey(1999)探讨了教学与科研两类动机对于教师个体的影响，发现教学动机与科研生产力之间存在负相关，而科研动机与自我效能感之间存在正相关。不过，正如 Neumann (1996)所言，科研与教学都是学术职业的核心职能，需要基于历史—现实、组织—个体的视角，采用跨学科、多方法的研究手段对这一问题进行多角度的探索。

（五）自我效能感

自我效能感是由心理学家 Bandura 提出的一个心理概念，是指个体对自己是否有能力完成某一行为所进行的推测与判断（Bandura，1977）。在组织情境中，自我效能感与工作绩效之间具有显著性相关，可将之作为预测员工工作绩效的重要因素（Bandura，1982，1997）。作为社会认知理论中的核心概念，Bandura 确定了构成自我效能感的四个维度，即成功经验、替代性经验、社会性劝说、生理唤醒（Bandura，1982），为自我效能感的具体测量提供了参考依据，帮助相关研究广泛运用于社会与行为科学研究领域（Pajares，1996）。随着近几十年来新公共管理对全球高等教育变革的影响，教师的科研绩效表现成为各利益相关群体评价大学乃至高等教育发展的重要指标之一。如 Bentley 和 Kyvik(2012)指出，一些国家高校教师的绩效受到“严密的监控”。在这种“产出导向”弥漫的氛围中，如何提高教师的科研生产力成为多方关注的焦点（Hemmings & Kay，2016）。一般认为，教师个体对于自身科研能力水平的自信程度，会影响其从事科研活动的自我效能感（Forester，Kahn，Hesson-McInnis，2004），并且有学者发现大学教师的科研自我效能感与科研生产力之间存在显著性相关（Landino & Owen，1988；Vasil，1992；Bailey，1999）。但在不同学者的研究中，教师个体的自我效能感对于科研生产力的影响程度有所差异。Pasupathy 和 Siwatu(2014)基于社会认知理论的概念框架，通过定量分析发现美国高校教师个体的科研自我效能感与科研生产力之间仅存在微弱的相关性；与之相反，Hemmings 和 Kay(2016)对澳大利亚的大学教师进行了调查，发现教师个体的科研自我效能感是预测其科研生产力的重要因素；Fan（1997）基于中国台湾大学教师的调查也得出类似的结论；而 Jang 和 Shin(2011)则通过元分析发现自我效能感与科研产出之间的效应值为 0.38，属于中度关系。此外，科研自我效能感也会与其他因素产生交互作用，如性别（Zhao，McCormick，Hoekman，2008）、学历（Quimbo & Sulabo，

2014)、职称(Oshagbemi,2000)等,进而影响教师个体的科研产出。针对这些不同的研究结论,Callaghan(2015)通过实证研究发现,如若将科研生产力作为一种工作绩效进行衡量,需要考虑其背后所隐含的学科文化、组织情境等因素。

(六)人力资本

20 世纪 60 年代,美国经济学家 Schultz 和 Becker 提出人力资本理论,构建了与物质资本相对应的经济学概念,即蕴含于人类个体的知识、能力和素质等有助于生产的存量之和。早期的研究认为个人所接受的教育和培训是人力资本的重要来源之一,且必须由国家、组织、个人等对之进行源源不断的投资,才能使人力资本的存量得到增长,促进生产力的提升(Becker,1962;Schultz,1961)。知识与技能作为最为公认的人力资本表现形式,其具有的灵活性与可迁移性(Eby,Butts,Lockwood,2003;Suutari & Makela,2007),对于个体的专业成长与职业发展都具有促进作用(Ballout,2007;Ng,Eby,Sorensen,et al.,2005)。在高等教育场域内,大学教师是教学与科研活动的主体,同时也是院校内部人力资本存量最为丰厚的群体(Rodgers & Neri,2007;Hanley,Liu,Vaona,2011)。Bland 等(2005)认为高校教师所具备的专业领域知识、科学研究技能、参与科研动机等个体特质能够在一定程度上揭示其内化的人力资本。学界一般都认为凝结于教师个体的知识、技能和教育背景等人力资本特质是影响其科研产出的核心因素(Dunn,2005;Hemmings,Rushbrook,Smith,2007)。因此有学者认为高校科研产出的教师群体相对而言拥有更为丰厚的人力资本,通过探索"科研明星"(research stars)教师所具有的人力资本特征,能够为提高教师群体的科研生产力提供帮助(White,James,Burke,et al.,2012)。然而,人力资本因素具有很强的隐蔽性,难以被直接测量,如何对其进行概念化操作成为实证研究的难点。通过梳理已有文献,本书发现学界一般将教育经历、学位、学历、学术职称、专业知识、科研经验、科研技巧等作为测量教师个体人力资本的具体指标(Wayne,Liden,Kraimer,1999;Ndege,Migosi,Onsongo,2011;Lin & Bozeman,2006)。以教育经历为例,其可以被进一步细分为受教育年限、第一学历/学位获得机构的教育质量或声誉、博士学历/学位获得机构的教育质量或声誉(Fox & Milbourne,1999;Davis & Patterson,2001;Broder,1993;Laband,1986)。需要注意的是,个体的人力资本与其所处的环境密切相关。对高校教师而言，完善的科研基础设施(Cantwell & Mathies，2012)以及良好的科研氛围(Alzuman，2015)，能够促进其人力资本的提升，进而提高科研产出。这提醒我们需要关注个体与环境对于教师个体人力资本的交互影响。

(七)社会资本

根据Bourdieu、Coleman等社会学家的研究，一般将社会资本定义为个体或群体在制度化网络中所拥有的各类资源的总和。基于此，学者发现，除了广为人知的物质资本和人力资本之外，嵌套在关系中的社会资本同样也是重要的生产资源(Nahapiet & Ghoshal，1998；Putnam，2004；Bian，2001)。有学者指出，嵌入社会网络中的个体成员能够利用各自的人力资本进一步增强网络内部的资源总量(Burt，2004)。Salaran(2010)认为，在高等教育领域，学术机构内部拥有庞大且成熟的社会资本，这种嵌入式的、可互动的资源，如同事、导师、行业/企业等社会关系，能够为网络中的学术人员提供信息和资源，提高个人和整个组织的生产力。近年来，越来越多的研究开始关注合作行为对社会关系结构的影响，以此为透视个体社会资本的切入点(Adler & Kwon，2002)。正如Beaver和Rosen(1979)指出的，科研活动中的合作已成为常态。在知识生产模式Ⅱ的时代，科学研究愈发复杂，跨学科性无处不在，这些特点都使得学者们必须进行合作，以弥补个体生产力的不足(Lee & Bozeman，2005；Thornsteinsdottir，2000；Melin，2000)。根据Nahapiet和Ghoshal(1998)的研究，一般认为社会网络分为结构、关系、认知三大维度，其中结构和关系维度具有比较明确的操作化定义，包括社会网络的结构(Zhang & Wang，2017)、类型(Hong & Zhao，2016)、范围(Cornwell，Laumann & Schumm，2008；Ynalvez & Shrum，2008)、同质/异质性(Porac，Wade & Fischer，et al.，2004)、合作策略(Lee & Bozeman，2005)等。基于对社会网络操作性的定义与测量，大量实证研究发现教师个体的社会资本对于科研产出具有十分重要的影响(Gonzalez-Brambila，2014；Li，Liao，Yen，et al.，2013；Mcfadyen & Cannella，2004；Beaver，2001)，教师个体所拥有的社会资本越多，其与学术领域内其他科研主体之间交流信息和资源的速度则越快，参与科研合作的效率和质量越高，因而具备更强的科研生产力(Reagnas & Zukerman，2001；Lee & Bozeman，2005；Ding，Levin，Stephan，et al.，2009)。然而，Mcfadyen和Cannella(2004)发现社会网络关系需要教师个体投入一定的精力加以维护，过高的社会资本会挤占其参与科研活动的时间，影响个体的科研投入。此外，诸如学科领域、研究范式、研究类型、管理方式等因素也会对教师个体参与科研合作产生多重影响（Melin，2000；Abramo，Angelo，Costa，2009）。

（八）职称/任期

作为学术共同体与高等教育机构内特有的一种科层制结构，职称/任期对于高校教师个体的学术职业发展而言非常重要。学术职称晋升轨道顺畅与否、能否拥有终身任期，都是影响教师个体在学术圈内生存状况的关键因素（Tien & Blackburn，1996）。一般认为，职称/任期能够在很大程度上保障学术职业的核心——学术自由与学术自治，同时也有助于维护该群体在高等教育场域内的一些基本权利，例如声誉、话语权、薪酬等（Manjounes，2016；Strathman，2000）。基于此，有学者（Feldman & Paulsen，1999）认为职称/任期是影响教师个体科研生产力的外部动机之一。在获得职称/任期前，发表足够的研究成果只是教师个体通向晋升路径的必要手段（Youn & Price，2009）；在获得职称/任期（尤其是终身教职）后，教师个体对于学术职业的安全感和满意度会显著提升，职称/任期不仅能够帮助教师继续留任，更能够帮助其获取更加丰富的各类资源，进而提高科研产出（Rosser，2004；Lowman，2010）。通过分析已有文献可以发现，大部分研究都是通过对比不同职称等级教师个体之间的科研生产力差异（Bland，Center，Finstad，et al.，2006）来探讨职称/任期对于科研产出的影响。如 Dundar 与 Lewis（1998）发现，拥有较高比例的全职教授有助于帮助院系组织在除社会和行为科学外的几乎所有学科领域获得更高的科研生产力；Bellas 和 Toutkoushian（1999）也发现全职教授的科研产出高于副教授、助理教授及讲师，其中讲师的科研产出是四类群体中最低的。不过，Davis 与 Patterson（2001）却认为，教师个体在获得终身教职后，其科研产出会衰减。为进一步量化职称/任期对于科研生产力的影响，Tien（2007）将时间变量纳入职称/任期体系，对获得任期前后的年龄、时间长度等指标进行操作化测量，通过时间逻辑回归模型预测教师个体的晋升概率。同时，一些学者发现职称/任期通常会与性别（Duffy，Jadidian，Webster，et al.，2011）、年龄（Holley，1977；Kyvik & Olsen，2008）、社会网络（Bäker，2015）等因素产生交互作用，共同影响教师个体的科研产出。此外，如前文所述，学术职称晋升制度对于教师的科研产出具有激励作用，但是女性教师和年轻教师在寻求晋升方面处于不利地位(Tien,2007)。这启示我们，在当今充满变革的高等教育情境下，需要进一步探讨学术晋升制度的普适性及公平性问题。

(九)学科

学科是学术职业最根本的安身立命之所(Kuhn,1970;Sabharwal & Meghna,2013)，不同学科之间在科研模式、研究方法、发表偏好等方面有着很大的差异(Biglan, 1973; Brew, 1999; Porter & Umbach, 2001; Muis, Bendixen,Haerle,2006)。目前，科学研究依然在很大程度上基于特定的学科领域展开，这使得学科属性、学科文化、研究范式等对于教师个体的科研产出具有非常重要的影响(Becher & Trowler,2001)。不过，也有学者认为，学科之间的生产力差异并不取决于各学科领域内部的知识产出水平，反而更加受制于各学科所获得的外部资源分配量，学科与学科之间的"马太效应"愈发明显(Merton,1968;Wanner,Lewis,Gregorio,1981;Teodorescu,2000)。随着知识生产模式的转型，不同学科的学者们齐聚一堂，努力解决跨越学科边界的各类研究议题，这更加需要学界了解各学科内含的研究规范特性，力争弥补学科之间巨大的资源差异对科学发展造成的消极影响(Jenkins & Zetter,2003)。基于此，有大量实证研究关注学科对教师个体科研生产力的影响，其中既有学者聚焦于特定学科领域的科研生产模式，如社会学(Keith & Babchuk,1998)、教育学(Mamiseishvili & Rosser,2010)、心理学(Kranzler,Grapin,Daley,2011)、自然科学(Long,Crawford,White,et al.,2009)等，也有学者着眼于比较不同学科之间的科研产出差异(Wanner,Lewis,Gregorio,1981;Baird,1991;Stack,2004)。不过，如何将学科对教师个体科研生产力的影响进行操作化测量，学界尚无定论。在学科划分层面，有学者直接对比两个具体学科之间的科研产出差异(Kaya & Weber,2003)，也有学者将学科划分为人文学科、社会学科、自然学科等学科大类进行分析(Shin & Cummings,2010)，还有学者直接根据硬—软、基础—应用等两分法对多个学科进行研究(Jung,2012)。而 Sabharwal 和 Meghna(2013)、Bäker(2015)则根据学科的知识更新频率、前沿变化速度以及范式多元程度对学科进行划分，不一而足。在科研产出测量层面，一些学者指出，若将专著或专著章节作为教师个体科研生产力的测量指标之一，那么社会科学、人文学科的科研产出统计量将大幅提高，这与以期刊论文为主要测量指标得出的结论存在较大差异(Kyvik，2003；Nederhof，2006；White，Boell，Yu，et al.，2009)。因此，后续研究需要关注学科对于教师个体科研生产力影响的复杂性。

（十）社会化

社会化是指个体在特定的社会环境中学习和掌握知识、技能、规范、价值观等社会行为方式并将之内化，从而使个体产生符合特定社会情境价值和期望的过程(Brim，1968；Mortimer & Simmons，1978)。社会化过程是专业教育的一部分，有助于个体获得符号资本、智力资本和社会资本，进而取得职业生涯发展的成功(Vaara & Faÿ，2011)。近代以来，科学研究高度社会化，科研人员的专业社会化成为影响其职业生涯发展的关键因素(Ryazanova & Mcnamara，2016)。在高等教育场域中，博士生教育时期(Li & Seale，2008；Stuart & Ding，2006；Baker & Lattuca，2010)与教师刚入职时期(Bess，1978；Shim，O'Neal，Rabolt，1998；Creswell & Bean，1981)都是个体专业社会化的重要阶段。正如Adler和Harzing(2009)指出的，在博士生教育过程中，个体既能获得与学科相关的知识资本，也能了解学术共同体内部的专业规范，学术部落的文化和游戏规则得以传递给下一代。而个体在博士生阶段所获得的各类资本，也为其后续作为学术职业新成员的生涯发展奠定了良好的基础(Ryazanova & Mcnamara，2016)。因此，有学者(Cable，Gino，Staats，2013；Bland，Center，Finstad，et al.，2005)认为，科研生产力的提升离不开教师个体的专业社会化。已有的一些实证研究关注教师个体社会化对其科研生产力的影响。如Creswell和Bean(1981)通过控制教师社会化效应，对教师的亚文化进行测量，发现教师个体所处机构的组织文化会影响其科研生产力；而Williamson和Cable(2003)聚焦新入职教师群体，通过纵向研究发现教师个体在加入一个高科研产出的组织机构后，其自身的科研生产力也会提高。此外，关于社会化过程的操作性测量，尚无定论。如Moschis和Churchill(1978)建构的社会化模型分为前因变量(antecedent variables)、社会化媒介(socialization agents)与社会化结果(socialization outcomes)三个维度；Shim等(1998)运用上述模型研究美国四年制高等教育院校中教师个体的科研生产力，将社会化媒介的测量指标具体化为机构/行政支持(institutional/administrative support)、同僚支持(collegial support)、家庭支持(family support)以及研究生阶段获得的各项支持(graduate school support)。还有学者将教师个体的工作年限与职称情况作为其社会化指标,认为终身轨教师已经完成社会化过程,其研究经验的丰富程度一般会强于非终身轨教师。总之,正如 Creswell 和 Bean (1981)指出,未来研究应进一步丰富教师个体社会化过程的概念框架与测量手段,包括亚文化、非正式社会角色等具体指标,并考虑社会化过程与其他因素之间的交互作用。

如图 2-2 所示,影响高校教师科研生产力的个体层面因素十分丰富,其中既有如年龄、性别等基于人口统计学特征的个体特质因素,也有如个体动机、自我效能感等心理与行为因素,还有如人力资本、社会资本等社会学因素,而职称/任期、学科等基于学术职业的特有因素同样不可忽视。这四大类因素相互作用,共同影响高校教师的科研生产力。

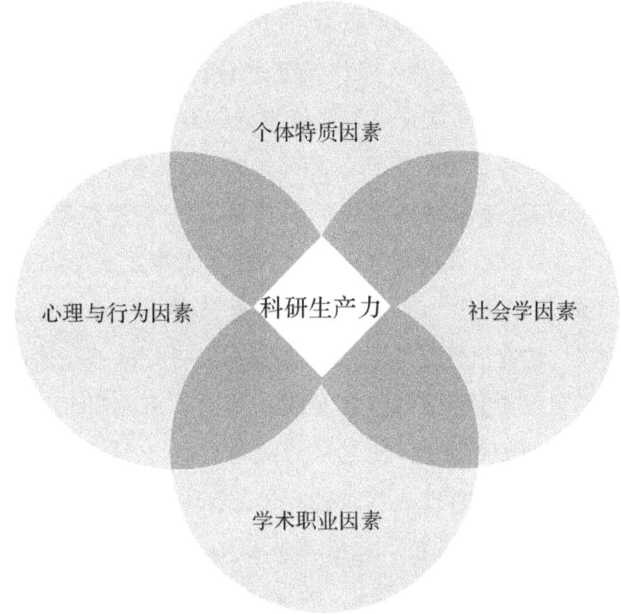

图 2-2 高校教师科研生产力的个体层面影响因素

然而,心理与行为因素及社会学因素都难以直接测量,成为高校教师科研生产力个体层面因素分析中的难点。在既有研究中,除自我效能感拥有比较成熟的测量工具外,针对教师个体的个人资本及社会资本这类隐蔽性很强的影响因素都还未发展出成熟的测量工具。此外,教师个体的社会化因素与其所处的具体组织环境密切相关,对这一概念的操作化定义与测量同样是后续研究需要突破的难点之一。也正因如此,一些学者将组织因素纳入高校教师科研生产力的相关研究。

三、科研生产力组织层面影响因素的相关研究

正如Gappa等(2007)所指出的,诸如人口特征以及聘任类型等教师个体特征与诸如组织文化和规范、组织使命愿景、组织资源、回馈结构、领导力和组织治理方式等组织因素之间存在着交互关系。通过梳理既有研究发现,组织层面的因素对教师科研生产力的影响愈发受到关注。

(一)教学负担

人才培养与科学研究是现代高等教育的两大核心职能,根据洪堡的高等教育理念,教学与科研是学术职业的内核,具有"一体两面"的性质(Parsons & Platt,1968),两者可以相互促进、相辅相成。但受新公共管理改革对高等教育的影响,以可见成果为评价指标的科研绩效在高校教师学术职业发展路径中的重要性激升(Clark,1987,1995;Dey,Milem & Berger,1997;Karagiannis,2009),教学与科研之间的关系从互补变为竞争,其内在联系逐渐被割裂(Clark,1986;Light,1974)。因此,有学者指出教学与科研之间已经形成一种"持续的紧张关系"(Light,1974),而这种"不稳定的分工"(Clark,1986)导致学术职业"充满矛盾"(Ladd,1979)。如Perry等(2000)指出,由于现行的高等教育制度更重视研究,在时间和精力都有限的情况下,高校教师不得不提高科研参与的优先度,使之平行甚至优先于教学工作,导致其不断减少对于教学相关事务的投入(Linsky & Straus,1975;Marsh & Hattie,2002)。因此在某种程度上,教学从学术职业的天职变成了负担。相对于科研产出而言,教学工作难以被量化,因此大部分学者通过教学课时(Fox,1992)、指导学生时间(Fairweather,2002)、课程类型(Galbraith & Merrill,2012)、学生类型(Noser,Manakyan,Tanner,1996)、学生数量(Linsky & Straus,1975;Arnold,2008)等指标测量教师的教学负担。基于此,一些研究发现,高校教师的教学负担与科研生产之间存在负相关(Fox,1992;Neumann,1996;Hattie & Marsh,1996),教师在科研活动中的时间投入带来的可见收益(科研产出)远大于教学(Bland,Center,Finstad,et al.,2005)。但

是教学工作并不能完全视为阻碍教师科研产出的负担，正如 Porterh 和 Umbach(2001)所言，高等教育政策制定者关于教学工作量的决策必须考虑学科层面的影响，而教学与科研之间以何种形式达成相互平衡，更需要在国家、地域、学校类型、学科属性等各层面的具体情境中进行探讨。

（二）绩效评定

“绩效”是一个管理学词汇，是指根据各项可评估、可量化的指标，给予符合或超过既定标准的个体工作人员的一笔额外收入（Van Dijk，de Cremer，Bos，et al.，2009）。在新公共管理改革的推动下，“绩效”同样成为学术职业无法回避的词汇。高等教育场域中教学与科研之间的矛盾，在很大程度上源于现有高等教育制度对科研的重视程度更高。相较于教学工作而言，科研产出成果是可见的、易获得的，以科研生产为高校教师的绩效评价指标十分契合新公共管理理论的“3E”核心价值，一定程度上破坏了高校内部的教学—科研平衡（Davies & Thomas，2002；Deem，Hillyard，Reed，2007；Leišytė，2016）。有学者犀利地指出，当下的大学已经越来越企业化，其内部充斥着管理主义、科层制、标准化考核等商业气息，高等教育机构的性质正在发生改变（Nikunen，2012；Bleiklie，Enders，Lepori，2015；O'Connor & O'Hagan，2016）。为应对日益增大的外部评估重压，获取相应资源，促进科研产出，一些研究型大学将院系组织和教师个体的科研绩效评价放在首位，而对教学工作的评价只能“退而求其次”（Hardré & Cox，2009；Adcroft & Taylor，2013；Ylijoki，2013；Clarke & Knights，2015）。因此，高校教师个体的晋升与发展路径便难以脱离以科研产出为核心的标准化绩效考核，学术职业的专业性、自主性受到一定程度的侵蚀（Hardré & Miller，2006；Shore & Groen，2009；Jeanes，Loacker，Śliwa，2018）。当然，通过评估科研绩效从而提高教师个体的科研生产力是组织所乐见的。Edgar 和 Geare(2013)发现，学术自治、平等主义、成就支持和个人主义等组织文化特质都会影响教师的科研绩效。然而，科研绩效评估并非促进教师科研产出的“万金油”。如 Leech 等(2015)发现，随着时间的推移，绩效分数对于教师的影响会逐渐降低。因此，在难以摆脱标准化绩效评估对学术职业造成影响的背景下，如何科学合理地设立评估指标，是学术界需要着重关注的议题。学者们指出，学术期刊的发表数量与影响力正在成为评估组织及个体科研绩效的最主要因素（Leech，Haug，

Iceman-Sands,et al.,2015;O'Connor & O'Hagan,2016;Jeanes,Loacker,Śliwa,2019)。但是,这种评估手段更注重有形的"量",导致学术期刊排名的泛化与影响因子的膨胀,致使科研论文"同质化"倾向愈发严重,不仅扼杀了学术创新和多样性,还使学术出版成为一种"商品产出"而非基于批判性思维的学术共同体交流(Willmott,2011;Butler & Spoelstra,2014;Nygaard,2017)。

(三)组织规模

组织层面的分析往往遵循工业经济学的基本原理,即"规模至上"的观点(Brinkman & Leslie,1986)。随着规模的扩大,一个组织可能开始捕获规模经济,从而提高生产率(Horta & Lacy,2011)。自从科研生产活动高度社会化后,院系成为高校教师聚集、交流、合作的社会化组织(Stephan & Levin,1997;Carayol & Matt,2006)。与此同时,知识生产模式的转型,跨学科需求的增加,也使得科研活动愈加依赖团队分工与合作(Adams,Black,Clemmons,et al.,2005;Rey-Rocha,Garzon-Garcia,Martín-Sempere,2006)。一般认为规模越大的学术组织或机构,在汇聚科研人才、争取研究资源、促进国际交流、提升学术声誉等方面具有更大的优势,能够通过规模效应促进个体科研生产力的提升(Jordan,Meador,Walters,1989;Boardman & Corley,2008;Abramo,Cicero,D'Angelo,2012;Aksnes,Schneider,Gunnarsson,2012)。然而,组织规模与教师个体科研生产力之间并没有绝对关系(Von Tunzelmann,Ranga,Martin,et al.,2003)。有部分实证研究指出,组织规模和个体科研生产力之间存在反向或线性的"阈值效应"(Johnston,1994;Seglen & Aksnes,2000;Bonaccorsi,Daraio,Simar,2006)。如 Kyvik(1995)发现,组织规模与教师科研生产力之间并不存在显著相关,一些小规模院系组织的教师反而拥有更高的组织满意度。由此可见,组织规模对科研活动的影响具有边界效应,超过一定的规模阈值反而会降低组织的科研生产率,有学者认为这种现象与学科属性和文化有关(Jordan,Meador,Walters,1989;Dundar & Lewis,1998)。需要注意的是,对于学术机构或组织规模的测量并不能简单地以人员数量为指标,还需要考虑组织内部的人员构成,如教师、博士生、专职研究人员、行政人员的数量和比例等(Bonaccorsi & Daraio,2005;Horta & Lacy,2011)。此外,教师及专职科研人员的专业资本,如是否拥有博士学位、是否能够指导博士研究生、是否具有终身职称等也会对组织科研产出的规模效益产生影响(Aksnes,Piro,Rørstad,2018)。

(四)组织文化氛围

组织层面的文化氛围是影响个体实现组织社会化的重要因素。良好的组织文化基于共享的价值愿景、适当的行为规范以及积极的合作态度,进而营造出令个体能够浸润其中的组织氛围(Desphande & Webster,1989;O'Reilly & Chatman,1996)。当下,科研生产已成为高度社会化的活动,科学研究不再是躲在象牙塔里的个人探索,而是个体在科研组织中开展合作,共同突破未知的一项人类事业。因此,在将管理学语境下的组织文化移植到高校科研活动中时,需要考虑高校的管理形式、权力结构、学科文化、研究属性、成员关系等与企业组织大不相同的特殊情境,尤其需要关注科研活动所特有的信仰、仪式、价值观(Tierney,1988;Feuer,Towne,Shavelson,2002;Patterson,West,Shackleton,et al.,2005;Deem & Lucas,2007)。组织氛围与文化会影响个体的能力、动机与实践(Kelloway & Barling,2000),进而对个体的工作表现产生影响(Walton,1985;Mele,2003;Bowen & Ostroff,2004)。在高等教育场域中,组织文化氛围同样影响教师个体的科研动机、工作满意度、组织承诺感等因素,进而影响其科研活动参与度(Bland & Ruffin,1992;Carpenter & Charon,2014)。合作文化是当下科研活动的重要基础,高校院系组织内部的合作氛围也有利于教师个体实现组织社会化,提升科研产出(Abouchedid & Abdelnour,2015)。不过 Smeby 和 Try(2005)发现,虽然合作氛围对于教师科研生产力有正向影响,但对创新氛围的影响则相反。此外,有学者指出,隶属关系、治理结构、财政激励等都会对高校组织内部的文化氛围造成影响(Perry,Clifton,Menec,et al.,2000),这提醒我们需要更为全面地对组织文化氛围进行测量。因此,有学者将诸如组织声誉、目标取向、权力分布、信息共享、公平感、安全感等变量作为测量指标,对组织文化氛围进行操作化定义(Edgar & Geare,2013);也有学者将组织文化氛围划分为以竞争/成就为中心、反思性、支持性、专业性及稳定性五个维度(Sarros,Gray,Densten,2005;Desselle,Rosenthal,Holmes,et al.,2017;Desselle,Andrews,Lui,et al.,2018);还有学者关注消极的组织文化氛围,如竞争导向、惩罚机制、孤立排斥等对于教师个体参与科研活动的负面影响(Fox & Mohapatra,

2007;Bronstein & Farnsworth,1998;Monk-Turner & Fogerty,2010)。总之,一个互相尊重、平等合作、共担责任并拥有专业自主的组织文化氛围,能够为高校教师个体带来内在激励,提升其想象力与创造力,激发卓越的科研产出(Edgar & Geare,2013)。

(五)组织声望

从理论上讲,威望可以从成就、自尊、荣誉或魅力的角度来构想(Wegener,1992)。就高校而言,组织声望所涉及的范围十分广泛,包括其办学历史、教学质量、科研产出、社会贡献等。受新公共管理改革对高等教育的侵袭,现阶段在重视科研的高等教育体制内,科研产出被认为是衡量院系组织声望的最重要因素之一(Jorgensen & Hanssen,2018)。组织声望对教师个体科研产出的反作用也受到广泛关注,在此基础上进行的大部分研究认为两者之间拥有正相关关系(Long & McGinnis,1981;Ehrenberg & Hurst,1996;Toutkoushian,Dundar,Becker,1998;Su,2011)。例如有学者发现,拥有良好学术声望的高等教育组织能够提供更为丰富的科研资源、更加良好的科研氛围,有助于提高其内部成员的科研效能感,从而提升教师个体的人均科研生产力(Feldman,1987;Allison & Long,1990;Borokhovich,Bricker,Brunarski,et al.,1995;Porter & Toutkoushian,2006)。也有学者指出,随着高组织声望的院系内部个体科研绩效的增强,组织自身的学术声望也不断提升,从而能够吸引更多高水平教师的加入(Hanssen,Jorgensen,Larsen,et al.,2018;Smeby & Try,2005)。此外,Jorgensen和Hanssen(2018)发现,在高学术声望的组织内工作能够在一定程度上弥补教师个体对薪酬和工作时间的不满,帮助教师保持持续科研生产力。不过,组织声望与科研产出之间并非线性关系。如Makino(1998)通过对比日本两个理论天体物理学研究小组的科研产出发现,组织声誉对于科研绩效的影响并不明显,衡量科研产出可能还需要综合考虑其他层面的个体和组织因素。基于上述探讨,我们可以发现对组织声望的具体测量手段值得关注。通过梳理相关文献得出,组织声望的测量手段分为直接测量和间接测量两种方式。直接测量,顾名思义,即把一些具有权威性或认可度的排行榜数据作为某个组织的具体声望值,如Porter和Toutkoushian(2006)使用《美国新闻与世界报道》(*USNWR*)定期公布的年度大学排行榜作为测定组织声望的依据;Su(2011)则通过三份关于博士研究生项目的国家评估报告(美国研究生项目等级、美国博士研究生项目评估、美国博士研究生课程报告)对样本高校的组织声望进行编码。间接测量,一般是指研究者通过组织内部某些具体的、客观的指标数据来建构相应的组织声望。教师相关的具体数据是最常见的测量指标,例如拥有博士学位的教师百分比、终身制教师百分比、女性教师百分比(Dolan & Schmidt,1994;Gander,1999;Milem,Berger & Dey,2000)等。此外,还有学者通过组织内部个体主观感知的方式对组织声望进行测量,如 Albrecht 等(2011)在问卷中要求受访者对于自己所在组织的声誉进行打分,此种间接测量手段更注重个体的主观感知,能够与之前的客观测量指标相结合,有助于更为全面地探寻个体与组织之间的关系。

(六)组织支持

为提高教师参与教学和科研的能力而提供的任何资源,都可以被认为是组织支持(Mcgill & Settle,2012;Rhoades,2001)。前文提到的组织氛围和组织声望,都是凝结于组织自身的资本因素,较难直接观察和测量,而组织支持则可以更为具体地评估,例如与教师个体科研产出绩效相关的薪资(Hearn,1999)、奖励(Reskin,1977)、基金(Greene,Connor,Good,et al.,2008)、培训(Piercy,Giddings,Allen,et al.,2005)、办公空间(Mcgill & Settle,2012)、图书资源(Schuster,1986)及其他具体支持手段(Fox,1992;Neumann,1996;Bland,Center,Finstad,et al.,2005)。大量研究发现,组织所提供的各项支持,对于提高教师个体的科研生产力具有积极作用(Dundar & Lewis,1998;Freedenthal,Potter,Grinstein-Weiss,2008;Gruppen,Frohna,Anderson,et al.,2003;Thomas,Diener-West,Canto,et al.,2004)。如 Crewe(1988)发现休假津贴、旅行费、教学负荷、可用的科研经费等组织对于教师个体的物质支持,都会影响科研生产。此外,组织层面为教师个体参加各项科研活动所提供的人力资源,如研究生助理、科研助理、技术顾问等,都可以视作重要的组织支持,并且这些支持也是教师可以直接获得的(Dundar & Lewis,1998;Bland,Center,Finstad,et al.,2005)。同时,由于受到组织支持感知理论(Eisenberger,Huntington,Hutchison,et al.,1986;Rhoades & Eisenberger,2002;Kurtessis,Eisenberger,Ford,et al.,2017)以及科研产出支持—压力框架(Neumann & Finaly-Neumann,1990)的启发,有学者通过教师个体感受到的组织支持感这个心理因素对组织支持进行测量。例如Guan等(2014)基于组织心理层面的组织支持感,利用组织支持感知量表(Eisenberger,Huntington,Hutchison,et al.,1986;Rhoades & Eisenberger,2002)、组织公平量表(Erdogan,Liden,Kraimer,2006)等测量工具,发现组织支持感通过工作满意度、积极情感作用与情感承诺对科研绩效产生影响;其同时指出,包括程序公平和分配公平在内的组织公平(Greenberg,1987)是实现教师组织支持感的先决因素。该研究结果表明,除物质支持外,情感支持也是组织支持必须重视的层面(Choi,2006;Takeuchi,Wang,Marinova,et al.,2009),学术组织只有在这两个层面之间实现平衡,才能对教师个体参与科研活动产生更为有效的激励作用。

(七)领导力特质

领导力的研究始于对组织内部"伟人"(the great man)的关注,因此大多数领导力理论均强调作为"英雄领袖"的领导个体特质(Northouse,2007)。受此影响,高等教育领域中的领导研究也主要聚焦于一些正式的组织领导者的特征和行为,如校长、院长、系主任等(Macfarlane & Chan,2014)。由于科研生产日益社会化,科研活动的各个环节愈发离不开组织结构所提供的完备的支持,因此关于高等教育组织的有效领导有何特征、如何通过有效领导提升科研产出等一系列相关问题受到学界的持续关注(Pelz,1956;Blume & Sinclair,1973)。先前的研究表明,领导力特质会对科研生产力产生影响(Kerr,1977;Dundar & Lewis,1998)。近期的一些研究也显示,随着现代科学研究规模的不断扩大,产业与学术界的科研合作日益紧密,合作网络也突破空间限制走向全球化(Adams,Black,Clemmons,et al.,2005;Wuchty,Jones,Uzzi,2007;Jones,Wuchty & Uzzi,2008),使得包括奖励、激励、评估等在内的管理实践与高校组织科研产出之间的相关性越来越密切(van der Weijden,de Gilder,Groenewegen,et al.,2008),因此需要加强科研场域内领导力特质的相关研究。Bland等(2002,2005)通过研究发现,当高校教师由具有基本领导胜任力、重视科研、认同自身学者身份并使用参与式管理方法的人领导时,他们的科研生产力能获得提升。Goodall(2009)也发现,学者型领导相较而言更了解如何为其他以研究为重点的学者创造正确的激励和舒适的工作环境,更善于招募并留任其他顶尖学者,并帮助青年学者提升科研素养和社会资本，以此提升组织声誉（Andrews & Farris，1967；Hamermesh & Pfann，2012；Uslu & Welch，2018）。也有研究指出，领导者与其他成员应分享同等的专业技术水平（McAuley，Duberley，Cohen，2000；Mumford，Marks，Connelly，et al.，2000），因为在以创造性为特征的学术组织中，专业知识和创造性技能是解决科研问题的基本条件，所以与其他成员具有相同创造力水平和技术能力的领导者可以使组织层面的沟通更为顺畅，并且更有助于提升组织成员对于组织目标理解的一致性水平（Mumford，Scott，Gaddis，et al.，2002）。此外，倾向于赋予教师专业权力和自主权的领导特质，也有助于提升组织科研绩效（Kok & McDonald，2017）。在已发表的文献中，多因素领导力问卷（multifactor leadership questionnaire，以下简称 MLQ）是评估领导力特质最常用的测量工具，包括变革型领导、交易型领导、回避型领导这三个维度（Bass & Avolio，2004）。不过，已经有学者认为领导力特质要发挥作用，不能只依靠单个领导者的努力，而是需要融合所有组织层面的因素，并重视那些传统上被认为是非领导实体的因素（Souba，2003）。正如 Bolden 等（2012）、Uslu 和 Welch（2018）所强调的，随着对高等教育内部有效领导需求的不断增长，人们的注意力应从仅仅关注正式管理角色转向更为关注广泛的学术领导，其中包括非正式领导者关系。Rayner 等（2010）也认为，学术职业的非正式领导力，如全职教授和副教授在参与教学、科研和社会服务活动中展现出的领导力特质，不仅有助于学科和机构的进步，而且对社会的发展至关重要。基于此，Evans（2015，2017）将非正式的学术职业领导力特质归为三类：卓越——通过国内和国际范围内的杰出学术成就展示自身的专业能力；知识——除了广泛且精深的学科知识外，还具有科研方法论和教育学知识；关系——充当平易近人的资深学者，愿意为年轻同事的学术发展提供帮助。

如图 2-3 所示，影响高校教师科研生产力的组织层面的因素可归为以下四个维度：组织的“物理”属性、组织的“精神”属性、组织的“工具”属性以及组织的“领导”属性。对高校而言，无论作为整体层面的学校组织，还是作为核心层面的基层学术组织，组织规模与组织支持是构成组织实体的最重要根基。

科学研究自成为高校核心职能之后，科研活动就随之嵌入由学科、学者、学生组成的高校组织情境中。在知识生产模式转型的今天，科学研究已成为一项高度社会化的活动，涉及的人、事、物都十分广泛。而学术人作为开展科研活动的基本单位，为学术组织带来了与其他组织不同的学术精神，也使得

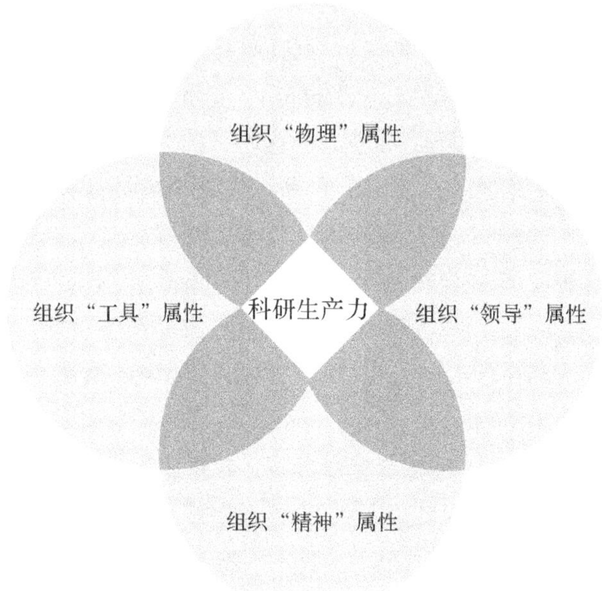

图 2-3　高校教师科研生产力的组织层面影响因素

组织氛围和组织声望成为影响其中教师个体参与科研活动的那只“看不见的手”。同时，这两类组织属性都会受到组织领导特质的影响。在同样拥有科层制属性的学术组织中，领导者、领导团队以及其他学术成员如何发挥各自领导力的积极作用，需要我们进一步关注。然而，现代组织作为提升生产管理效率的一种理想类型，不可避免地带有工具属性，学术组织也不例外。目前，公共预算紧张，科研资金竞争激烈（Smeby & Try，2005），加之新公共管理改革对高等教育的侵袭，导致一切教学及科研活动都必须转化为符合“3E”评估标准的绩效数字，这无疑也在一定程度上刺激了教师个体的科研产出。

通过对高校教师科研生产力研究的学术史及研究动态的梳理，我们可以发现相关影响因素的解释模型基本上都是从个体和组织两个层面出发来验证各种细化的个体因素和组织因素对科研生产力的影响。需要注意的是，教师个体特征与高校组织因素之间存在复杂难辨的交互作用（Gappa，Austin，Trice，2007）。如何通过科学合理的方式探讨个体层面和组织层面各主要影响因素对高校教师科研生产力的具体作用机制，探究各因素变量之间存在的多种影响路径，是今后研究中亟待解决的重要问题。

第三章　研究设计与方法

第一节　混合研究设计

根据研究目的的需要，本书主要采用混合研究法来回答研究问题。学术界素有定量研究方法和定性研究方法的范式之争，两者在本体论、认识论和方法论等方面都存在具体的分歧。简单来说，定性研究方法的拥趸者认为定量研究方法忽略了人类实践活动中所涉及的人类行为意图、目标和意义等元素，定量研究方法的主张者则认为定性研究方法无法揭示人类活动和行为背后的客观规律和因果联结等。自 20 世纪 80 年代以来，定量研究方法和定性研究方法开始出现融合趋势，并且在实用主义哲学观点的支持下形成了定量与定性相结合的混合研究方法。学界存在数种关于混合研究方法的定义，这些定义主要在混合哪些内容（如方法、方法论或研究类型）、在哪一步研究过程中使用混合方法（如数据收集、数据分析）、混合的适用范围（如从数据到世界观）、混合的目的或原理（如拓展、证实）以及驱动研究的要素等方面存在差异（John Creswell，Vicki Clark，2007）。综合上述多种视角，混合研究法被界定为在一项研究中同时使用定量和定性的研究方法来收集、分析数据，整合研究发现并得出推论的“第三种研究范式”，旨在拓展理解和证实的广度与深度（Tashakkori & Creswell，2007；Johnson，Onwuegbuzie，Turner，2007）。

混合研究方法在定量研究方法与定性研究方法的论战中逐渐产生和发展起来，以下是学者总结的混合研究方法的几个主要意义。第一，“三角互证”（triangulation），即把定量研究数据与定性访谈数据结合起来以提高研究结果的可信度和有效性；第二，“互补”（complementarity），即运用定量研究和定性研究相结合的方法来测量一个现象的重叠和不同的方面，从而形成对该现象详细、丰富的理解；第三，“发展”(development)，即定量方法和定性方法的连续使用，其中某一种方法的结果被用来证实另外一种方法得到的结论；第四，“启发”(initiation)，即在复杂的以及跨学科的研究中，通过矛盾和悖论的方式，可以有意识地分析定量结果与定性结果的一致性和差异，从而对其中出现的新观点进行描述；第五，“扩展”(expansion)，即多重主义框架中的“多任务”研究(Collins, Onwuegbuzie, Sutton, 2006; Greene, Caracelli, Graham,1989)。基于此，学者认为，混合研究方法在回答以下特定问题上极具价值：第一，三角互证，即利用混合研究法交叉验证不同变量之间的关系，以此提高研究结论的有效性；第二，完整性，即综合使用定性和定量研究方法，以此更加完整地呈现研究对象；第三，弱化单一研究方法的不足并为研究者提供更有力、更准确的推论；第四，解答用单一的定性或定量的方法所不能解决的问题，以此为研究者提供更多方法来实现研究目的和目标(Bryman, 2006;Creswell & Clark,2007)。自 20 世纪 90 年代以来，混合研究方法在社会学、教育学、心理学、管理和组织学以及护理学等不同学科中得到了广泛应用(蒋逸民,2009)。目前，混合研究方法虽然在方法论基础、基本概念与具体程序等方面都存在诸多争议，但诸多学者认为使用混合研究方法比使用定量或定性研究方法中的一种更能够洞察研究问题的本质(Hong & Espelage, 2011;Creswell,2012;Frels & Onwuegbuzie,2013)。本书基于以下考虑决定采用混合研究方法。首先，从逻辑论证角度在不同研究阶段整合定性和定量的研究方法，为回答本书中青年人才引进政策是否有效以及为何有效的问题提供更加全面多元的经验证据。其次，充分发挥两种研究方法在揭示宏观普遍规律和解释个体主观意义上的互补作用。

教育研究中常用的六种混合研究方法设计方案主要包括：(1)收敛并行序列设计，即同时收集、合并和使用定量和质性数据；(2)解释性序列设计，即首先收集定量数据，其次收集质性数据以解释定量结果；(3)探索性序列设计，即首先收集质性数据以调查一个现象，其次收集定量数据以验证质性结果；(4)嵌入式序列设计，即同时收集定量和质性研究的数据，一个设计的目的是支持另一个设计的结果；(5)变革性设计，即使用收敛并行的、解释性的、探索性的或嵌入式的设计类型，同时将这些设计类型包括在一个不断发展的环境中；(6)多相设计，即通过一系列研究设计，如聚敛式设计、解释性序列设计和探索性序列设计等来探索一个研究问题或主题(Creswell,2012)。每种混合研究方法设计方案都有各自的优势和局限,学者认为解释性序列设计在促进量化和质性研究方法的整合方面更具优势且更具可操作性。本书选择混合研究方法中的解释性序列设计,即首先使用定量数据来呈现人才引进政策对青年引进人才科研生产力产生具体政策效应的基本情况,其次使用定性数据对定量研究结果进行深度解释和挖掘,即更加细致、深入地分析在人才政策作用下到底哪些因素会对青年人才的科研生产力产生影响且这些因素之间的作用机制如何。在混合研究设计中,定量研究的优势在于透过大量数据从宏观上把握各变量的特征及其相互之间的逻辑关系;定性研究更倾向于在具体情境中收集第一手资料并在此基础上建立"主体间性"的意义解释(嘎日达,2008)。如图 3-1 所示,本书聚焦人才政策的政策效应"是什么"、引进人才科研生产力的影响因素"是什么"以及影响因素"怎么样"发挥作用等研究问题,在此基础上明确"完整性"和"互补性"的混合研究目的,以此确定混合研究的具体研究程序,并进行多元数据的整合以及详尽的数据分析,从而进行数据解释并得出最终研究结论。

具体来说,本书主要包括以下两个研究阶段。第一阶段主要采用定量研究方法,通过专门分析政策效果的计量方法——倾向得分匹配(propensity score matching,以下简称 PSM 方法)基础上的 DID 方法以及结构方程模型方法验证人才政策的政策效应,即评估人才政策是否能够对青年引进人才的科研产出产生影响。DID 方法是一种自然实验方法,该方法的逻辑起点是反事实分析,即设定的条件与事实相反,并以此来讨论事件的因果联系(王传毅、杨力苈、杨佳乐,2020)。该方法的使用在政策研究中较为普遍,其最大优势在于可以通过面板数据对一些不可观测变量产生的影响进行控制,尤其是自然剥离随时间不变和随时间同步变化的影响因素(万海远、李实,2013)。这一方法需要来自一个不受人为控制的外部事件的发生将研究对象随机分为实验组和对照组,我们把这个事件称为干预,把受事件影响的群体称为实验组,不受事件影响的群体称为对照组,并且运用 DID 方法估计对照组和实验组之间的差异(张羽,2013)。本书将 2011 年入选国家级人才计划的样本作为实验组,将 2014 年入选国家级人才计划的样本作为控制组,以国家级人才计划为政策事件,将收集到的 2009—2014 年 2598 条有效数据划分为 4 组子样本数据,运用 DID 方法进行差异性分析并得出

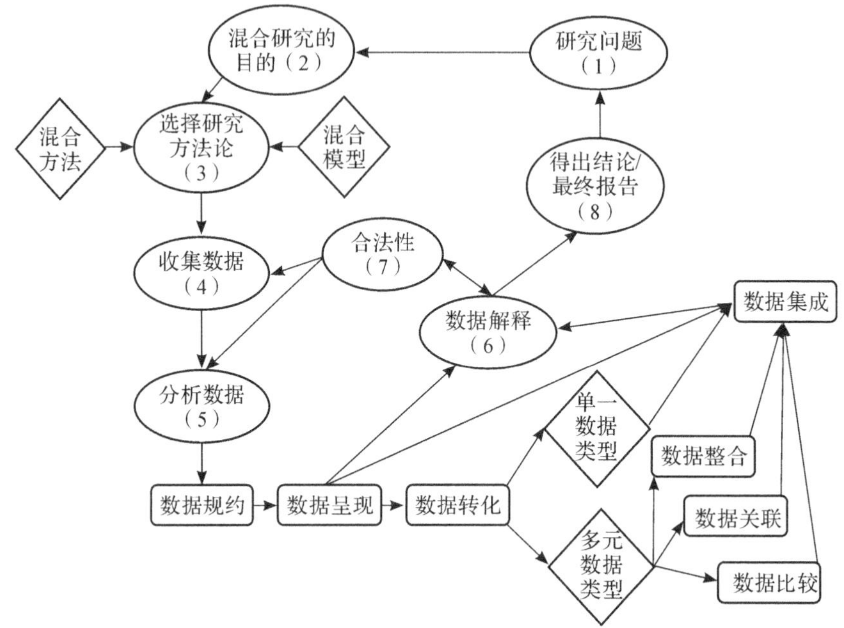

图 3-1 混合方法研究过程(程建坤、陈婧,2017)

政策实施结果。此外,学者在这一阶段还运用结构方程模型从学术创新角度对青年引进人才科研产出的影响因素及其作用机制进行探索。第二阶段主要采用定性研究方法,定性研究又称质化研究,定性研究的重点在于探讨事物之间的差异性,旨在揭示事物存在的独特意义,进而丰富人们关于世界的多样性理解(陈向明,2000)。定性研究方法对社会现实的解释采用意义阐释的视角,即社会现实都是由其参与者构成,任何社会现象的存在都离不开其参与者,社会现象在不同参与者的眼中也有不同的呈现,对不同的参与者具有不同的意义,通过定性研究方法可以发现这些不同意义的本质。因此,使用定性研究方法可以通过分析不同青年引进人才个体对人才政策的不同看法,呈现多样化的政策效应图景。这一阶段的研究主要以第一阶段研究结果所反映的政策实施效果为依据,对部分青年引进人才进行深度访谈,并利用具有综合视角的学术生态模型框架探索个人角色、关系网络、共同体环境以及制度结构这四个层面对青年引进人才科研生产力的影响,据此总结人才政策产生效应的原因,并在此基础上对人才政策如何影响青年引进人才的科研产出进行深入挖掘和意义阐释。

第二节　量化的数据收集与分析

本书的定量研究阶段分为以下两个部分:第一部分运用PSM-DID方法分析人才政策是否对引进人才的科研生产力产生影响;第二部分以组织支持和学术创新行为变量为切入点,运用结构方程模型探讨人才政策对引进人才科研生产力的具体作用机制。

一、基于PSM-DID方法的政策效应评估

如前文所述,影响青年引进人才科研生产力的因素众多,如个体自我效能感(黄亚婷,2021)、科研压力(刘新民、俞会新,2018)以及人才需求结构等,人才政策只是众多影响因素之一。研究人才政策能否对青年引进人才的科研生产力产生影响,需要从众多影响因素中将人才政策的影响剥离出来,从而得出人才政策产生的净效应。由于政策冲击的外生性以及政策使用对象的限定性,受到政策影响的实验组和未受到政策影响的控制组会因政策作用发生变化,DID方法可以通过比较实验组和控制组在实验前后差异的变化来控制二者的系统性差异,得出政策实施的净效应,进而检验某项政策的实施效果,因此该方法在有关宏观政策的研究中得到广泛应用(孔阳、何伟军、覃朝晖等,2018),本书中亦使用DID方法计算人才政策的净效应。本书的主要目的是科学评价人才政策对青年人才科研产出的影响及作用机制。人才政策实施后,其影响主要来自两部分:一是随时间流动个人学术能力自然积累提升而形成的"时间效应"部分,二是随人才政策的实施而引起的"政策处理效应"部分。DID方法以控制组的结果为处理组的反事实结果,对两个结果的差异进行计算,可有效分离"时间效应"与"政策处理效应",其模型政策效应解析详见表3-1。对于处理组,政策效应为$\beta_2+\beta_3$;对于控制组,政策效应为β_2,因此处理组的净效应为β_3。

表 3-1 双重差分模型政策效应解析

	人才政策实行前(period=0)	人才政策实行后(period=1)	difference
处理组	$\alpha+\beta_1$	$\alpha+\beta_1+\beta_2+\beta_3$	$\Delta Y_t=\beta_2+\beta_3$
控制组	α	$\alpha+\beta_2$	$\Delta Y_0=\beta_2$
DID	β_1	$\beta_1+\beta_3$	$\Delta\Delta Y=\beta_3$

需要注意的是,DID 方法须满足严格的前提条件,即样本选择的随机性假定与平行趋势假定。事实上,不同学者的个体异质性较大,难以具备完全一致的时间效应。而 Heckman(1976)等发展起来的 PSM 方法提供了控制选择性偏差的解决方案。其基于评价样本相似度的若干指标,构建测量样本是否进入处理组的概率函数,计算各样本成为处理组的概率,并对处理组与控制组进行匹配,从而克服样本选择偏差问题,并实现平行趋势假定。

基于此,本书采用 PSM-DID 方法估计人才政策对青年人才科研产出的影响。具体方法是:(1)采用 PSM 方法进行处理组与控制组的匹配;(2)使用匹配后的处理组与对照组进行 DID 估计。以 2011 年度某项国家级人才计划为政策事件,将入选 2011 年度该人才计划的个体样本作为处理组,入选 2014 年度该人才计划的个体样本作为控制组①,建立如下回归模型:

$$sci_{it}^{psm}=\alpha+\beta_1\text{treat}+\beta_2\text{period}+\beta_3\text{treatperiod}+\beta_4\text{control}_{it}+\varepsilon_{it}$$

其中,treat 为个体虚拟变量,反映入选某项国家级人才第一批的样本取值为 1,未入选为 0;period 为事件虚拟变量,即政策实施年份(2011 年)后取值为 1,否则为 0。下标 i 与 t 分别代表第 i 个个体和第 t 年。control 代表一系列控制变量,包括性别、博士毕业时间、年龄、博士毕业学校排名、是否有行政职务等,这些控制变量也是影响青年人才能否入选该人才计划的协变量。此外,ε 为随机扰动项;被解释变量 sci 表示年均发文量。主要变量说明见表 3-2。

① 选取 2014 年入选该人才计划的青年人才作为控制组样本有两个原因。一方面,这批青年人才能入选在一定程度上说明其科研生产力和学术能力与处理组相当,满足共同趋势假设的可能性较大;另一方面,其暂未受到政策事件的冲击,可以实现反事实结果的构建。

表 3-2　主要变量说明

变量名称	变量定义	变量说明
sci	年发文量	2009—2014 年每年的发文量,反映科研生产力
treat	是否为处理组	虚拟变量,处理组为 1,控制组为 0
period	政策是否实行	虚拟变量,政策实施为 1(2011 年后),未实施为 0(2011 年及之前)
gender	性别	虚拟变量,男性为 1,女性为 0
age	年龄	计算方式:2020－出生年份
gratime	博士毕业时间	计算方式:2020－博士毕业年份
d_r	博士毕业学校排名	分类变量。编码方式为:入选当年 QS 排名 1～20＝1;入选当年 QS 排名 21～50＝2;入选当年 QS 排名 51～100＝3;入选当年 QS 排名 101～150＝4;入选当年 QS 排名 151～200＝5;入选当年 QS 排名 201 以外＝6
ap	是否有行政职务	虚拟变量,有为 1,没有为 0

二、基于结构方程模型的政策过程评估

作为学术创新的主体和生力军,高校青年引进人才在建设创新型国家、实施创新驱动发展战略的过程中发挥着重要作用。作为学术创新的直观外在度量,青年引进人才科研生产力的衡量从数量扩张向质量提升的转变是我国高校科技创新面临的阶段任务。从内涵上看,科研生产力的质量既包括学术共同体对研究问题、研究方法、理论运用、结果发现、逻辑推理与书写表达等方面新颖性、严谨性、正确性、深度、广度以及学科内外部关联性等属性的内在判断,也包括文献计量学从论文发表数量、期刊影响因子和被引次数等定量指标测量的外在表现(朱军文、刘念才,2014)。学术创新是指科研人员在学术研究过程中发明分析问题的新范式和新方法,孕育解释问题的新思想和新见解,发掘证明问题的新材料和新证据,并得出新发现和新结论的过程(汤吉军,2016)。借鉴管理学领域员工创新行为的过程视角,本书将高校青年引进人才的学术创新行为界定为青年引进人才在学术研究过程中进行机会探索、产生创新想法、寻找激励支持以及创新运用的过程。具体而言,机会探索是指青年人才在高校场域中积极寻找以及发现新的学术创新机会的过程;产生创新想法是指青年人才针对发现的机会产生新的学术研究构想或新

的解决问题方案的过程;寻找激励支持是指为实现学术创新构想积极调动可用资源(组织、主管以及同事等)的过程;创新运用是指通过个体努力将学术创新成果应用于各个可应用领域的过程。上述定量研究的第一阶段采用文献计量学的方法测度高校青年引进人才的科研生产力,并在此基础上采用PSM-DID方法的准实验法评估人才政策的政策效应。该阶段以学术创新为代理变量,采用自陈式问卷调查法测量青年引进人才的科研生产力,并以组织支持为切入口,探讨引进人才政策对青年引进人才科研产出发挥作用的政策过程。

(一)研究设计与工具选择

本部分主要采用自陈式问卷调查法收集数据。本书中的问卷设计包括简历分析和测量工具两部分,其中简历分析部分主要包括学科、性别、年龄、职称、入职年份以及教育经历等;测量工具部分主要包括组织支持量表、心理需求量表以及学术创新行为量表等由国外学者编制并已在学界得到广泛应用的成熟量表。本书结合具体情境和研究问题对量表进行本土化检验,结果证实这些测量工具在本土情境下具有良好的信效度。

1.组织支持量表

组织支持的测量使用埃森伯格等(1986)编制的组织支持量表,并根据高校情境对该量表进行改编。具体题项表述如"我对工作合同配套支持的落实情况感到满意""我对学校、院系(单位)的人才发展环境感到满意"等。该量表采用的计分方式为 Likert 5 点计分法,"1"表示"非常不符合","5"表示"非常符合",得分越高表示青年引进人才感知到的组织支持程度越高。在本书中,该量表的克朗巴哈系数 α 为 0.887,各题项的标准化因子负荷量在 0.580～0.867,拟合指标[χ^2=30.467,degrees of freedom(df)=14,χ^2/df=2.176,GFI=0.961,AGFI=0.922,TLI=0.967,CFI=0.978,RMSEA=0.074,SRMR=0.034]均在良好范围内,表明该量表信效度较好。

2.心理需求量表

心理需求的测量采用由 Sheldon 和 Hilpert(2012)编制的量表,并且根据我国高校具体情境和样本对象的特征进行改编。该量表由自主性需求、能力需求以及归属需求三个维度构成,每个维度包括 3 道测量题目,共计 9 道。其中,自主性需求的题项如"我可以自由地以我认为最好的方式做我的工作";

能力需求的题项如“我真的很精通我的工作任务”；归属需求的题项如“我认为我跟我的同事关系密切”。该量表采用的计分方式为 Likert 5 点计分法，“1”表示“非常不符合”，“5”表示“非常符合”。在本书中，自主性需求、能力需求以及归属需求三个分量表的克朗巴哈 α 系数分别为 0.898、0.876 和 0.801，总量表为 0.949，各题项的标准化因子负荷量在 0.649～0.932，拟合指标（$\chi^2=59.419$，$df=24$，$\chi^2/df=2.476$，GFI＝0.939，AGFI＝0.886，TLI＝0.951，CFI＝0.967，RMSEA＝0.083，SRMR＝0.054）均在可接受范围内，表明该量表信效度可以接受。

3. 学术创新行为量表

学术创新行为测量使用的量表由 Kleysen 和 Street（2001）编制的创新行为量表改编而来，该量表由机会探索（opportunity exploration）、想法产生（idea generation）、激励支持（championing）、应用（application）四个维度构成，每个维度包含 3 道题目，共 12 道题目。机会探索的题项如“我积极寻找可以进行学术创新的机会”；想法产生的题项如“我发现了解决科学问题的新方法”；激励支持的题项如“我鼓励团队成员对创新性想法保持热情”；应用的题项如“我系统地将创新理念引入工作实践中”。该量表采用的计分方式为 Likert 5 点计分法，“1”表示“非常不符合”，“5”表示“非常符合”。本书中，该量表整体克朗巴哈 α 系数为 0.95，四个子维度分别为 0.712、0.891、0.798、0.878，各题项的标准化因素负荷量在 0.513～0.933，拟合指标（$\chi^2=118.928$，$df=50$，$\chi^2/df=2.476$，GFI＝0.919，AGFI＝0.873，TLI＝0.945，CFI＝0.958，RMSEA＝0.08，SRMR＝0.044）均在可接受范围内，表明该量表信效度可以接受。

（二）样本选择与数据来源

数据来源于 2021 年 1 月对某一流高校（简称×校）青年学术人才的问卷调查。本书选取了×校作为研究的案例院校，具体原因如下。首先，在学校层级方面，×校为教育部直属综合性重点大学，属于首批“世界一流大学和一流学科”“211 工程”“985 工程”建设高校，具有充足的学术资源、学科平台以及发展机遇，其青年人才引进与培育在“双一流”高校中具有代表性。其次，从青年人才引进方面来看，×校积极发挥其学术资源、地理位置以及学术环境等优势，近年来加大了青年人才引进力度，引进了大批青年学术英才，该校每年入选国家级人才计划的青年人才人数均位居全国前列。本书依托该校人才引进办公室进行的青年人才引进问卷调查，共回收有效问卷215份。

（三）研究假设与数据模型

1. 组织支持与学术创新行为

自埃森伯格等于1986年提出组织支持概念和组织支持理论后，学者们对组织支持展开了广泛研究。组织支持是指员工所在的组织对其价值的重视以及对其利益的关心的总体看法（Eisenberger，Huntington，Hutchisom，1986）。组织支持理论以社会交换理论为基础，社会交换理论认为，组织与员工之间遵循互惠原则，员工为了能够从组织中获得经济或社会性报酬而努力工作（Gouldner，1960）。组织支持理论的实质就是组织对员工的激励和承诺，因此当组织给予员工足够的支持时，员工会产生一种帮助组织实现其目标的义务感，从而以积极的工作态度回馈自己的组织。诸多实证研究表明，组织支持能够对员工的积极工作行为（如创新行为）产生显著的正向影响（Rhoades & Eisenberger，2002；Yu & Frenkel，2013；田喜洲、谢晋宇，2010）。

Amabile 等（2004）在探讨领导支持行为对员工创造力影响的研究中发现，领导的工具性支持和社会情感支持能够使员工感受到鼓励与尊重的工作氛围，从而对其创新行为产生显著的正向影响。顾远东等（2014）在关于组织支持对研发人员创新行为影响的实证研究中发现，组织支持和研发人员的创新行为具有显著的正相关，组织支持及其各个维度都能够显著预测科研人员的创新行为，且主管支持的预测程度最高。刘智强等（2015）的实证研究也发现，组织支持能够正向预测员工的创新行为，当员工感知到的组织支持越多，意味着其在组织中越受到重视，此时员工会以更饱满的工作热情回馈自己的组织，其内在工作动机得以提升，员工也更愿意进行创新性活动。此外，杨皖苏和杨善林（2020）在关于分布式领导、组织支持以及员工创新行为的实证研究中也发现，组织支持能够在分布式领导和员工的创新行为之间发挥中介作用。从上述研究可以发现，组织支持对员工创新行为能够产生显著的正向影响。基于此，本书提出如下假设：

假设 H1：组织支持对青年引进人才的学术创新行为有显著正向影响。

2. 心理需求在组织支持与学术创新行为间的中介作用

Deci 和 Ryan（2000）提出的自我决定理论得到了学者们的广泛关注与应

用，该理论认为人的内在动机主要由自主性需求、能力需求和归属需求三种基本心理需求激发，当组织环境能够支持和满足员工的这些需求时，员工的自我决定感能够得到提升，个体也能够得到成长。具体到青年引进人才，这意味着当大学、院系所和科研团队等各层级组织提供支持性较高的自由工作环境时，青年引进人才能够自主决定自己的工作内容和进度，按照自己的设想有条不紊地进行工作，其自主性需求在这个过程中得以满足。工作任务在给青年引进人才带来挑战的同时也能够激发其内在潜能，当组织能够给予青年引进人才更多参与挑战性工作任务的机会时，其存在价值更容易受到组织和同事的接受和认可，此时青年引进人才的能力需求在一定程度上得以满足。人际关系是组织生活的重要组成部分，当组织能够给予青年引进人才人际关系方面的支持，如领导的支持信任以及和谐的同事关系时，青年引进人才能够感受到来自组织的尊重与信任，对组织的依恋感会增加，与组织的联系也会更加紧密，在这个过程中其归属需求得以满足。此外，Gillet 等(2012)通过对法国公司 468 名员工的研究发现，组织支持能够显著正向预测员工的自主性需求、能力需求以及归属需求。基于此，本书提出如下假设：

假设 H2：组织支持对青年引进人才的心理需求有显著的正向影响。

根据自我决定理论，个体在成长过程中的基本心理需求不可或缺，当组织环境给予员工的各方面支持能够满足个体这些基本心理需求时，员工更容易产生自我认同感以及对组织的归属感，更容易接受自己的组织身份并融入其中，从而产生积极的组织行为，如创新行为(Deci & Ryan，2000)。对于青年引进人才而言，当其感受到来自组织、领导以及同事等各方面的支持时，能够产生更高程度的内在心理动机，其自主性需求、能力需求和归属需求的满足程度更高，也更容易表现出学术创新行为。具体来说，当领导下放权力，给予青年引进人才更多的自主成长空间时，青年引进人才对自己的工作能够产生更高程度的控制感，其工作自主性需求得以满足；当学校能够给予青年引进人才足够的科研经费、薪资以及参与挑战性工作机会等方面的支持时，青年引进人才会产生更高的自我效能感，期望尽自己最大的努力回馈组织，其能力需求得以满足；当学校能够给予青年引进人才足够的关心、认可和尊重时，青年引进人才更愿意将自身的发展与组织的发展联系起来，更愿意将组织成员身份融入个体身份，其与组织之间的心理联系得以加强，归属需求得以满足。当青年引进人才的心理需求得到满足时，其对学术创新活动的参与更多地源于工作本身的乐趣，而不是迫于任务。在这个过程中，青年引进人才能够真正感受到学术创新的快乐，产生积极的学术创新体验，遇到困难和挫折时，更愿意接受挑战，并且具有极高的自我效能感，从而推动其对学术创新行为的长久坚持。Deci 等(2000)认为支持基本需求满足的社会环境能够促进个体的自然成长，包括内在动机和外部动机的整合，即当组织支持能够满足个体基本心理需求时，能够激发个体的行为动机，使个体更愿意参与创新性活动。刘靖东等(2013)通过探究自我决定理论在中国人群中的应用发现，心理需求是组织环境和个体行为的中介，当组织支持能够满足个体的心理需求时，员工能够以积极的态度进行工作，其参与创新性活动中的表现也更为积极、主动和高效。严姝婷等(2020)在对 378 名科技人员的实证研究中也发现，员工的自我决定感(心理需求)能够在支持性组织氛围和其主动创新行为之间起到完全中介作用。基于此，本课题提出如下假设：

假设 H3：心理需求对青年引进人才的学术创新行为有显著正向影响；

假设 H4：心理需求能够在组织支持和青年引进人才的学术创新行为之间起到中介作用。(见图 3-2)

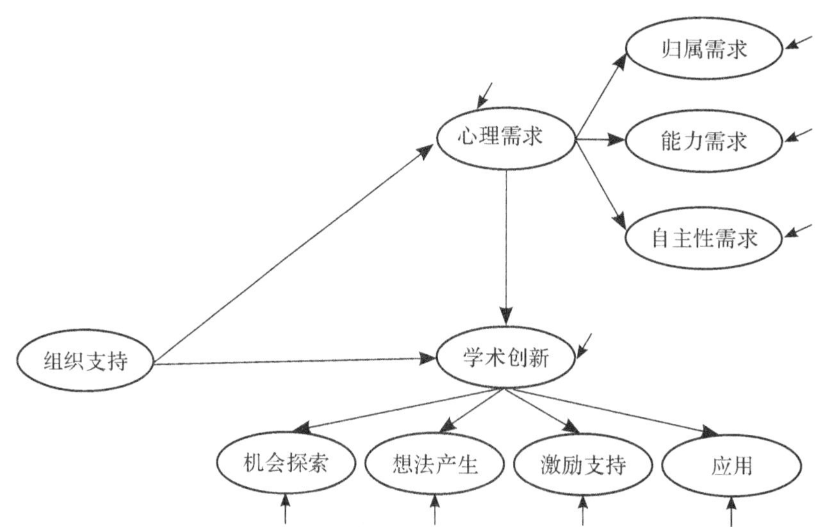

图 3-2 组织支持与青年引进人才学术创新行为模型

第三节 质性的数据收集与分析

一、质性分析框架

本书质性研究的第一阶段主要借鉴 Bronfenbrenner 的社会生态理论，并在此基础上形成学术生态模型的分析框架，以此深入探索和剖析促使人才政策产生政策效应的具体影响因素。社会生态系统理论由 Bronfenbrenner (1979)在《人类发展生态学》中系统性提出，其认为个体在发展过程中处于一个与之相互嵌套且不断变化的生态系统中，这一系统的环境根据其与个体的密切程度可以分为微观系统(microsystem)、中观系统(mesosystem)、外部系统(exosystem)以及宏观系统(macrosystem)。微观系统位于社会生态系统的中心层，涵盖对个体产生直接影响的环境要素，其中家庭最具代表性；中观层面意指微观系统要素之间的相互联系，例如同侪间的人际互动关系；外部系统为能够对个体产生间接影响的系统，如个体所处的组织或机构；宏观系统多指社会结构对个体的影响，通常包括各种制度环境(Bronfenbrenner, 1977,1986)。回到高等教育系统，其内部各要素关系错综复杂，借助生态学理论对其进行分析一直是教育领域研究的热点之一(郭玉清、夏文菁,2016)，而以大学为中心的高等教育组织常成为学术生态分析的焦点(Stretch, 1964)。结合社会生态系统理论扩展研究视域可以发现，学术职业所处的学术生态系统同样具有明显的层级特征，学术职业的发展不可避免地受到学术生态系统变化的影响，已有学者对此进行探讨和验证(Li & Xue,2021)。在本书中，高校青年引进人才科研活动的开展同样处于一个层层嵌套的学术生态环境之中，包括个体特质、学术网络、组织环境、学术共同体、宏观制度等具体要素，这些要素都与学术职业的发展息息相关，而据此形成的结构关系可以被视为社会生态系统理论在高等教育场域中的应用，研究主体由社会环境中人的个体发展具象化为学术环境中学术职业的个体发展。因此，基于社会生态系统理论形成的学术生态系统同样与本书的质性分析相契合。

通过实证结果与既有理论的直接对话，本书在质性研究部分建构了影响青年引进人才科研生产力的学术生态系统分析框架，包括个体层面、关系层面、共同体层面以及制度结构层面,具体如图 3-3 所示。这四类层面由个体内部扩展至个体外部,呈现逐层相互嵌套的关系结构,建构了本书中青年引进人才所处的学术生态系统。从自上而下的角度看,高等教育制度、学术组织及学科属性通过结构性影响作用于个体内和个体间,进而影响个体的科研生产力。反之,从自下而上的角度看,凝结于个体的内在特质与外在资本是影响个体从事科研活动效率的主要因素,个体能够通过在既有结构中的各类行动提升科研产出。具体来说,在整个学术生态系统中,个体层面主要考察青年引进人才的个体特质,如性别、年龄、家庭环境等先天因素以及学习经历、工作履历、科研动机、个体能力、学术信念等影响青年引进人才学术产出的后天因素;关系层面主要强调青年引进人才所在学术场域中的两个或多个系统之间的相互作用,例如青年引进人才个体的学缘关系、与同事以及领导等的互动等,这些关系间的相互作用也是影响青年引进人才科研生产力的重要因素;共同体层面是关系层面的进一步延伸,包括其他特定的正式或非正式的社会结构,青年引进人才并没有直接包含在这些系统或结构中,而是其所在环境对青年引进人才个体产生了影响,并决定了其所在环境发生的事,例如青年引进人才所在院校、组织或者学科等共同体环境都是青年引进人才进一步成为优秀学术人才的重要影响因素;社会层面是指青年引进人才所属文化或亚文化的总体制度或社会结构,其中个人、关系和共同体层面是其具体表现。综上所述,青年引进人才处于一个层层嵌套的学术系统之中,其科研生产活动主要受到个体因素、关系因素、共同体因素以及社会制度结构等具体因素的影响,这些因素与青年引进人才的整个学术生涯发展息息相关,并能够对其科研生产力产生直接或者间接作用。本书将在质性研究的第一阶段使用基于社会生态系统理论形成的学术生态模型框架,对影响青年引进人才科研生产力的具体因素进行深入探索。

如前文所述,各类理论在本书中一直扮演着“引路人”的角色,帮助学者实现在经验资料和抽象概念之间的互动来往,建构青年引进人才科研生产力影响因素的生态系统。该生态系统以青年引进人才个案为中心,结合具有差序格局属性的不同影响因素,构成了作用范围由内向外、由小及大的四类生态层级,共同影响个案教师在科研生产过程中的认知和行动,进而造成科研生产力的差异。其中,不同生态层级对个案教师开展科研活动会造成不同的影响。个体层面的因素固然是个案教师能够成为青年学术精英的基础,但这

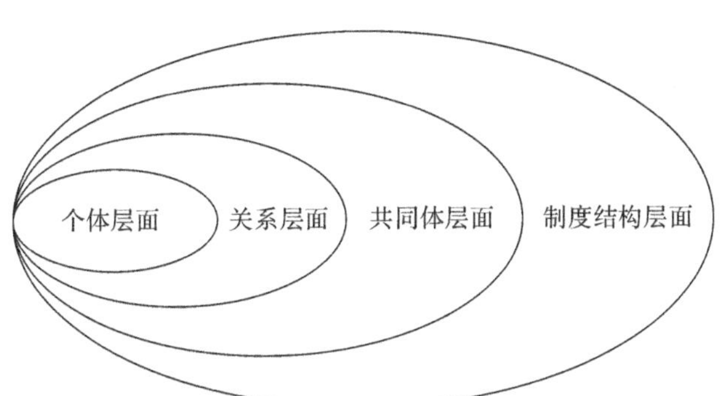

图 3-3　影响青年引进人才科研生产力的学术生态系统

些因素同样具有很强的静态属性，其影响范围局限在个体自身；关系层面的因素强调个案教师在学术生涯发展过程中形成的关系网络，这些网络会随着个案教师科研活动的不断移动和扩散，存在于个案教师的过去、现在和未来，具有明显的动态属性，并且拓展了个案教师作为学术职业的存在范围；共同体层面的因素可以视为对前两类生态层面的整合，这是由于无论作为组织人还是学术人，个案教师的学术身份都是一种基于共同体的专业身份，这一身份背后的实体组织和虚体组织常常相互重叠，同时成为学术共同体的重要构成部分；制度结构层面的因素位于该生态系统的顶层，这些因素一方面通过自上而下的路径对其他三类生态系统产生影响（如研究生教育制度的变迁自然会在很大程度上导致相应组织和学科建制的变化，进而影响身处其中的各类群体），另一方面也会受到来自下位生态系统因素的反作用（如学术发表原本是基于学术专业社群内部交流的一种表现形式，并未受到外部利益相关者的过多关注，而随着知识边界扩展与学术共同体壮大，学术发表量出现指数式增长，庞大的数据量及其蕴含的学术价值自然会受到治理体系的关注，相关治理主体进而通过使用这些发表数据开展科研评价，使之逐渐成为一种制度化的学术治理指标），体现出自然生态系统所具备的整体性、动态性和平衡性。

然而即使是循环稳定程度较高的生态系统，各要素之间为了争夺有限的资源依旧需要相互竞争。在本书中，围绕青年引进人才科研生产力影响因素建构的学术生态系统同样如此。作为生态系统主体的个案教师在进行科研生产时，会时不时地面对来自不同生态层级中各类因素对自身拥有的学术资源的争夺。其中,人、财、物等外部资源具有较强的不确定性,是个案教师自身难以控制的资源类型。而个案教师在长久以来的学术训练和知识生产过程中逐渐生成与发展的知、情、意这三类主观因素,则会成为个体的内部资源,对最终的科研行为造成影响,而这些基于个体主观因素形成的内部资源同样是学术生态系统中各类因素的争夺对象。对个案教师而言,虽然他们可以在一定程度上通过自身的主观努力决定内部资源的分配情况,但分配的过程同样也是一种受到各层级因素影响而不断调整的动态过程。与提升科研产出相关性越大的因素,一般情况下越会吸引个案教师的关注,进而在科研活动中向之倾斜更多的内部资源。但是个体的主观精力也是有限的,个案教师需要将注意力等内部资源因时、因事、因势分配给不同的科研生产因素,与此同时又要应对这些因素之间的竞争。由此,本书发现青年引进人才科研生产力影响因素生态系统中存在着"注意力分配"和"注意力竞争"的问题,个案教师如何配置自身的注意力或将成为影响其科研行动和科研产出的重要机制。

注意力被定义为生物体内决定特定刺激效用的过程或条件(Berlyne,1974),即在外界多样的刺激因素中,个体仅会对其中某些刺激因素或者刺激因素的某些方面作出反应,而对其他刺激因素进行过滤(习勇生,2017)。这是因为生物个体的注意力同时受到认知图式和外部刺激双重驱动(Ocasio,2010),是一种需要被分配以应对不同认知和行为机制的有限资源(Kahneman,Ben-Ishai,Lotan,1973)。由此,注意力这一概念也逐渐由心理学领域扩展至经济学、管理学和社会学等学科领域,其中诺贝尔经济学奖获得者赫尔伯特·西蒙(Herbert Simon)对注意力的研究最具影响。西蒙认为注意力是管理者选择性地关注某些信息而忽略其他信息的过程(Simon,1947)。管理者作为有限理性的个体,其决策的关键在于如何有效配置自身有限的注意力,这在当前信息爆炸的时代尤为重要(吴建祖、王欣然、曾宪聚,2009)。在经济学研究领域,学者们同样将注意力视为一种具有价值的稀缺性资源,并发现依托这一稀缺资源的生产、加工、分配、交换和消费所形成的经济形态已经愈发普遍。注意力已经成为新时代的一种货币,并由此衍生出了"眼球经济"等相关概念(Davenport & Beck,2001),这足以说明注意力对经济决策行为的重要影响。而在社会学研究领域,相关研究更强调社会环境对人们注意力分配的影响,继而以注意力分配为切入点,研究组织和制度环境及其运作机理。也就是说,注意力分配在很多时候并不是一个与个人技巧或者计划安排有关的技术问题,而是一个由组织环境、制度环境和社会环境共同影响而产生的社会问题(练宏,2015)。从中可以看出,不同学科研究注意力的视角虽然不尽相同,但都将注意力分配及其背后的注意力竞争作为侧重点,关注相关议题的个体、环境、制度及结构因素,这不仅使得该概念同时具备微观与宏观层面的研究基础,也相对契合本书的具体情境与研究问题,能够为探讨青年引进人才科研生产力的影响机制提供一定的理论解释力。

二、质性样本选取与数据来源

质性研究方法的样本选择通常采用"理论性抽样"或"目的性抽样",即所选取的研究对象要具有代表性,能够为研究问题提供最多的信息(Patton,2015)。本书在质性研究部分的访谈内容主要聚焦于青年引进人才关于科研生产的经历和观念,入选人才计划前后科研生产力的变化,关键事件对科研生产的影响以及影响科研产出的具体因素等。基于上述研究目的和研究问题,为确保样本的代表性和信息的丰富性,在选择具体研究对象时主要遵循以下原则:知识丰富性(knowledgeable)、敏感性(sensible)、多元性(multiple)以及独特性(unique)(Guest,Namey,Mitchell,2013)。本书综合考虑青年引进人才在学科因素、职称状态、学习经历、聘任状态、行政职务、学缘关系以及工作时间等方面的差异,借助自主邮件联系、熟人介绍以及滚雪球等方式,在案例高校中选择 20 名访谈对象进行深度访谈,受访者的具体信息如表 3-3 所示。

表 3-3 受访者基本信息

编号	性别	职称	学科	交流经历	工作时间
赵老师	男	教授	材料学	日本	2011 年
俞老师	男	教授	材料科学与工程	美国	2011 年
白老师	男	教授	生物化学	日本/美国	2011 年
宾老师	男	教授	机械工程	新加坡/美国	2012 年
罗老师	男	教授	力学	美国	2013 年

续 表

编号	性别	职称	学科	交流经历	工作时间
戚老师	男	研究员	机械工程	美国	2013 年
任老师	男	教授	兽医学	美国	2013 年
史老师	男	研究员	控制科学与工程	加拿大/美国/新加坡	2014 年
费老师	男	研究员	数学	中国香港/美国	2015 年
薛老师	男	研究员	物理学	美国	2015 年
倪老师	男	研究员	物理学	美国	2015 年
姜老师	男	研究员	动力工程及工程热物理	美国	2016 年
祁老师	女	教授	无机化学	美国	2016 年
干老师	男	研究员	光学工程	美国	2015 年
迟老师	男	研究员	基础医学	美国	2016 年
全老师	男	研究员	化学	美国	2016 年
车老师	男	研究员	农业工程	丹麦	2016 年
景老师	女	教授	化学生物学	新加坡/德国	2016 年
谈老师	男	研究员	材料科学与工程	新加坡/美国	2017 年
穆老师	男	研究员	电子科学与技术	中国香港/美国	2017 年

三、质性资料收集

质性研究方法强调多途径获取研究资料，包括观察、访谈、问卷以及实物资料等(Creswell,1998)。访谈作为质性研究者收集数据的重要工具之一，能够帮助研究者获得关于受访对象内心感受的深刻理解，同时能够帮助研究者捕捉受访者生活世界的主观意义(Patton,2015)。观察和文档资料也是质性研究资料收集的重要途径，其中通过观察可以帮助研究者获取受访对象在特定情境中无意识流露的关键信息，同时也可以帮助研究者验证研究对象谈及的内容(Rossman & Rallis,2011)；通过文档资料则可以加深对受访者主观世界的理解，同时也可以作为三角互证的资料。基于本书的研究问题，笔者将深度访谈法作为质性研究资料收集的主要方式，确定具体访谈对象之后，笔者在 2020 年 9 月至 11 月对每位受访对象进行 1 小时左右的半结构化访谈，且在获得对方的同意后进行录音并将录音誊录为文本，以此为本书的原始资料。此外，笔者同时采用了观察法和文档资料法对访谈收集的数据进行佐证。具体而言，在深度访谈过程中，笔者根据研究对象的特征和访谈情境的变化及时对本书的访谈提纲进行了调整，尽可能获得受访对象更为丰富和深刻的情感表达(Lichtman,2006)。在访谈环境方面，笔者在访谈过程中选择了单人办公室或咖啡厅等不易受干扰的环境。笔者对观察法的使用主要包括在访谈过程中注重留意受访者的面部表情、肢体语言以及情绪语言等体现出来的信息，尽可能挖掘其弦外之音(黄亚婷,2019)。此外，在进入访谈对象的日常工作地点时，笔者格外留意观察受访者办公环境的布局以加深对其所处情境的理解。在观察过程中，笔者做了较为详细的观察笔记，作为本书访谈资料的补充材料。此外，本书中使用的文档资料主要包括学校的官方资料、院系的基本情况、受访教师提及的相关文章或博客日志等个人资料。其中，官方资料主要来源于官方网站，个人资料主要来源于受访者公开的日志、个人主页等。

四、质性资料分析

在该部分的数据分析阶段，本书借助 MAXQDA 软件对质性研究收集到的数据进行分析。首先，对访谈资料做内容分析，对原始语句进行开放式编码。在这个过程中，笔者十分重视受访者使用的“本土概念”。这一阶段总共得到 658 条反映青年引进人才科研生产力影响因素的原始语句和对应的初始概念，在多次提炼数量繁多且相互交叉的初始概念后，最终抽象出 12 个范畴。其次，通过主轴编码对上述初级编码进行有意义的分类，在反复斟酌中明确分类的维度、属性和关系。本书将上述开放式编码的 12 个范畴归纳为 4 个主范畴，每个主范畴对应分析框架的个体层面、关系层面、共同体层面和制度结构层面。最后，从这 4 个层面出发分析影响青年引进人才科研生产力的主要因素及其具体作用机制，尤其是青年引进人才在入选人才计划前后的科研成果产出上是否发生变化，关键事件对青年引进人才科研生产力产生了怎样的影响等。

五、质性研究的可靠性与伦理保证

（一）研究可靠性

质性研究方法关注的是在社会事实建构过程中研究对象对特定情境的理解（陈向明，2000），因此本书在质性研究部分十分关注研究的真实性（authenticity）和可信度（trustworthiness）（Lichtman，2006）。为保证研究的真实性和可信度，笔者在研究过程中主要做了以下几个方面。首先，在研究过程中，笔者与访谈对象之间建立起了真诚信任的关系。在进行访谈之前，笔者先向访谈对象进行自我介绍、呈递个人简历并告知本书的研究目的、数据的使用方法等信息，降低受访对象的不信任感。其次，本书还使用三角互证的方式保证研究的真实性和可靠性。三角互证指的是利用不同方式获取对于同一现象的多种理解或观点，从而证明某种结论是可信的（Lichtman，2006）。在本书中，笔者认真整理访谈时的观察和感受，并形成完整的田野笔记，同时也十分注重搜集与访谈对象相关的官方资料和个人日志，从而形成三角互证，保证本书的真实性与可信性。最后，在访谈过程中，笔者主要以研究对象为中心，努力避免自身先入为主的偏见，认真聆听访谈对象的阐述，并且适当展开追问，在访谈结束后笔者及时整理访谈资料，并对访谈提纲进行实时调整，保证访谈提纲的有效性。

（二）研究伦理

在质性研究中，研究伦理是研究者需要重点关注的问题（张银霞，2018）。本书在质性研究过程中十分注重恪守以下伦理原则。首先，笔者坚持了自愿和不隐蔽的原则，访谈开始前即以书面知情同意书和口头表达两种方式向受访对象说明研究目的、研究内容以及数据资料的使用方法等，充分保证受访对象的知情权。此外，若研究对象想要中途退出，可以随时终止访谈。其次，笔者严格遵守保密原则，尊重受访者的个人隐私，不在任何场合透露关于受访者的个人数据和信息。在数据资料分析的过程中，笔者将资料进行匿名化处理并且仅用于科学研究用途。当受访者不同意将访谈内容用于论文写作时，笔者在写作过程中会放弃使用此部分内容。最后，笔者遵循公正合理和公平回报原则。在访谈过程中，笔者与受访者保持平等真诚的交流关系，表达对受访者的真诚感谢且在现实情形允许的情况下与受访者适度分享本书的部分研究成果。

第四章　量化研究结果

第一节　PSM-DID 政策效应评估结果

近些年，部分研究开始尝试使用定量的方法评估政策效果，但大多采用描述性统计来反映各项指标的数据特征，并以此为依据分析青年引进人才的引进状况和判断人才政策的实施效果。这些研究普遍缺乏对因果关系和内生性问题的考虑。本书先用 PSM-DID 方法解决人才政策“是否有效”的问题，在这个基础上再去考察人才政策“为什么有效”。下文主要呈现本书利用人才计划入选者的论文产出数据进行的政策效应评估结果。其中，表 4-1 呈现了主要变量的描述性统计结果。本书共收集 433 个样本，2598 条发文信息（2009—2014 年）。其中，处理组样本数为 136，占当年人才计划入选人数的 95.10%；控制组样本数为 297，占当年人才计划入选人数的 74.62%。

表 4-1　主要变量描述性统计结果

	变量	观测值	平均值	标准差	最小值	最大值
处理组（N=136）	sci	136	3.1838	2.8472	0	12
	gender	136	0.9265	0.2620	0	1
	age	136	43.5882	2.7848	36	49
	gratime	114	14.3772	2.1591	9	21
	d_r	130	3.6692	2.0961	1	7
	ap	136	0.3015	0.4606	0	1

续　表

	变量	观测值	平均值	标准差	最小值	最大值
控制组（N=297）	sci	297	2.4377	2.7393	0	15
	gender	297	0.9226	0.2677	0	1
	age	297	41.2020	2.7631	35	47
	gratime	273	12.2711	2.1471	7	19
	d_r	281	4.1246	2.0604	1	7
	ap	297	0.1313	0.3383	0	1
全样本（N=433）	sci	433	2.6721	2.7919	0	15
	gender	433	0.9238	0.2656	0	1
	age	433	41.9515	2.9806	35	49
	gratime	387	12.8915	2.3532	7	21
	d_r	411	3.9805	2.0800	1	7
	ap	433	0.1848	0.3885	0	1

以青年引进人才是否入选2011年某项国家级人才计划为因变量建立Logit倾向值预测模型，根据估计得到的倾向得分采用核匹配对处理组和控制组样本进行配对。匹配前后的核密度函数曲线如图4-1所示。从图4-1(a)中可以看出，在核密度匹配前，处理组分布较为分散，而控制组倾向左偏且较为集中，两组样本倾向得分值的概率密度函数分布存在显著差异；完成匹配后，其概率密度分布明显趋于一致[见图4-1(b)]。这表明，匹配后样本

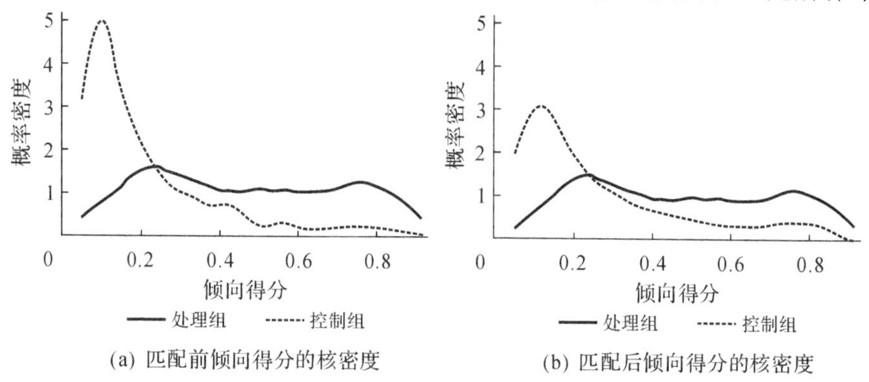

(a) 匹配前倾向得分的核密度　　(b) 匹配后倾向得分的核密度

图4-1　倾向值匹配前后的核密度函数

的协变量特征已趋于一致，符合可比性要求。进一步的平衡性检验结果（见表 4-2）显示，匹配后处理组与控制组协变量的标准化偏差最大值为 8.6%，符合 Rosenbaum 与 Rubin（1983）提出的匹配后标准偏差绝对值小于 20%的标准，匹配效果较好。

表 4-2　平衡性检验结果

变量	匹配情况	均值		标准偏差	标准偏差减少幅度/%	T 值	P 值
		处理组	控制组				
gender	未匹配	0.9298	0.9267	1.2	−357.5	0.26	0.794
	匹配	0.9292	0.9151	5.5		0.97	0.333
gratime	未匹配	14.3770	12.2710	98.1	97.1	21.56	0.000
	匹配	14.3980	14.3370	2.9		0.52	0.602
age	未匹配	43.4910	41.1790	81.4	91.6	18.03	0.000
	匹配	43.5580	43.3640	6.8		1.27	0.204
d_r	未匹配	3.6842	4.1355	−21.8	60.4	−4.80	0.000
	匹配	3.6637	3.4848	8.6		1.62	0.105
ap	未匹配	0.2895	0.1319	39.4	84.2	9.20	0.000
	匹配	0.2920	0.2672	6.2		1.02	0.308

表 4-3 报告了本书的 DID 及 PSM-DID 估计结果。Model 2 与 Model 4 分别在 Model 1 与 Model 3 的基础上加入了控制变量。由表中数据可见，4 个模型交互项均在 5%的水平上显著，说明该人才计划具有显著的政策效应。另外，DID 的结果显示，性别、毕业时间和是否担任行政职务等变量都对高校青年引进人才的科研生产力具有显著影响；PSM-DID 结果显示，性别、年龄和是否担任行政职务等变量都对高校青年引进人才的科研生产力具有显著的预测作用。总体来说，该国家级人才计划的实施在诸多方面对青年引进人才的科研生产力具有显著的正向影响。

表 4-3 DID 及 PSM-DID 检验结果

	DID		PSM-DID	
	Model 1	Model 2	Model 3	Model 4
treat * period	0.897** (2.57)	0.872** (2.28)	0.876** (2.28)	0.876** (2.29)
treat	0.674*** (3.37)	0.580** (2.35)	0.875*** (4.12)	0.813*** (3.42)
period	0.701*** (3.82)	0.751*** (3.88)	0.755*** (3.94)	0.755*** (3.95)
gender		0.834*** (3.06)		0.727*** (2.70)
age		−0.0542 (−1.58)		−0.0750** (−2.17)
gratime		0.0933** (2.29)		0.0461 (1.26)
d_r		−0.0482 (−1.16)		−0.00627 (−0.16)
ap		0.834*** (3.58)		0.861*** (3.69)
_cons	2.708*** (27.14)	3.100** (2.09)	2.656*** (26.70)	4.415*** (3.00)
N	2598	2322	2310	2310
R^2	0.034	0.046	0.039	0.049

注：* $p<0.1$，** $p<0.05$，*** $p<0.01$。

第二节 结构方程模型结果

在上节，PSM-DID 的结果证明人才引进计划在激发引进人才优质产出方面具有显著的政策效应，本节问卷调查进一步探讨人才政策为什么能够发挥积极的政策效应。基于该研究目的，本次在 X 校进行了问卷调查来考察人才政策能够发挥积极作用的原因。本次研究共回收有效问卷 215 份。其中，男性教师 178 人，占比 82.8%，女性教师 37 人，占比 17.2%；年龄分布在 40 周岁以下的有 141 人，占比 65.6%，40 周岁及以上的有 74 人，占比 34.4%；博士学位在国外获得的有 82 人，占比38.1%,博士学位在国内获得的有133人,占比61.9%;工龄在5年及以下的有132人,占比61.4%,工龄在5年以上的有83人,占比38.6%;(曾)聘任研究员岗位的有146人,占比67.9%;未(曾)聘任研究员岗位的有69人,占比32.1%;独立PI有151人,占比70.2%,依托团队发展的有64人,占比29.8%;(曾)担任行政职务的有64人,占比29.8%,未(曾)担任行政职务的有151人,占比70.2%。两次问卷调查的样本在人口特征、教育背景、学术资本和权力资本间的分布均较为合理。

表4-4 研究样本基本信息

变量	类别	频率	百分比
性别	男	178	82.8%
	女	37	17.2%
年龄	40周岁以下	141	65.6%
	40周岁及以上	74	34.4%
博士学位获得	国外	82	38.1%
	国内	133	61.9%
工龄	5年及以下	132	61.4%
	5年以上	83	38.6%
是否曾聘任百人计划研究员岗位	是	146	67.9%
	否	69	32.1%
研究形式	独立PI	151	70.2%
	依托团队发展	64	29.8%
是否曾担任行政职务	是	64	29.8%
	否	151	70.2%

一、组织支持与学术创新的相关分析

本书运用SPSS 26.0软件对各个变量的平均值、标准差以及相关关系进行了分析(见表4-5),结果表明各变量的平均值在1.493～2.391,标准差介于0.470～0.871。组织支持、心理需求及其自主性需求、能力需求、归属需求维度与学术创新及其机会探索、想法产生、激励支持、应用维度之间均呈显著正相关,因此适宜做进一步的结构方程模型分析。

表 4-5 各变量的平均值、标准差以及相关关系矩阵(N=215)

变量	平均数	标准差	1	2	3	4	5	6	7	8	9	10
1. 组织支持	2.391	0.794	(0.731)									
2. 心理需求	1.784	0.545	0.572**	(0.822)								
3. 学术创新	1.684	0.470	0.274**	0.529**	(0.787)							
4. 归属需求	1.950	0.657	0.571**	0.771**	0.373**	(0.760)						
5. 能力需求	1.493	0.508	0.331**	0.764**	0.503**	0.486**	(0.838)					
6. 自主性需求	1.909	0.871	0.450**	0.848**	0.418**	0.409**	0.484**	(0.864)				
7. 机会探索	1.679	0.476	0.244**	0.479**	0.843**	0.326**	0.406**	0.415**	(0.677)			
8. 想法产生	1.819	0.631	0.214**	0.427**	0.876**	0.287**	0.409**	0.346**	0.666**	(0.855)		
9. 激励支持	1.643	0.527	0.270**	0.474**	0.858**	0.363**	0.491**	0.329**	0.629**	0.623**	(0.762)	
10. 应用	1.594	0.532	0.231**	0.467**	0.895**	0.327**	0.445**	0.370**	0.673**	0.698**	0.745**	(0.843)

注：** 表示 $p<0.01$;括号中的数据为 AVE 值(average variance extracted,平均提取方差值)平方根。

二、组织支持与学术创新的结构方程模型分析

笔者运用 Mplus 8.0 软件进行结构方程模型分析，验证组织支持与青年引进人才学术创新行为之间的关系，并探索心理需求的中介作用，具体如图 4-2 所示（$\chi^2=648.455$，$df=340$，$\chi^2/df=1.901$，TLI=0.911，CFI=0.920，RMSEA=0.065，SRMR=0.073，各项指标良好）。

由图 4-2 可知，组织支持与学术创新行为之间的标准化路径系数为 -0.35（$p<0.01$），表明青年引进人才的组织支持感对其学术创新行为有显著的负向影响；组织支持与心理需求之间的标准化路径系数为 0.69（$p<0.001$），表明青年引进人才的组织支持感能够显著正向预测其心理需求；心理需求与学术创新行为之间的标准化路径系数为 0.91（$P<0.001$），表明青年引进人才的心理需求对其学术创新行为有显著的正向影响。

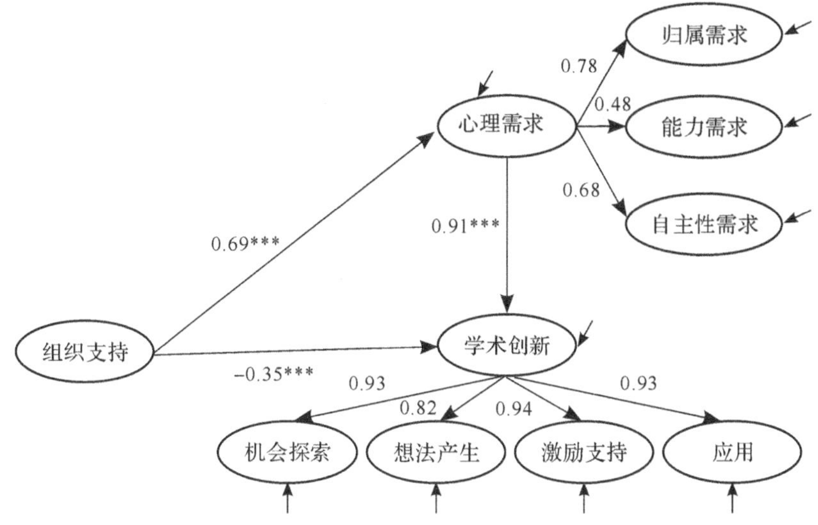

图 4-2　组织支持、心理需求与学术创新行为的作用关系

（注：*** $p<0.001$）

此外，本书还对心理需求在组织支持和学术创新行为之间的中介作用进行探究，具体研究结果如表 4-6 所示。从表 4-6 中可以看出，间接效应的 Z 值为 2.348，大于 1.96，偏误修正的百分位数和百分位数的 95% 置信区间分别为[0.168，0.669]和[0.158，0.601]，不包含 0，表明间接效应存在。直接效应

的Z值为－1.492，绝对值小于1.96，表明直接效应不存在。总效应的Z值为2.582，大于1.96，偏误修正的百分位数和百分位数的95%置信区间分别为[0.071，0.260]和[0.062，0.233]，不包含0，表明总效应存在，即心理需求在组织支持和青年引进人才学术创新行为的关系间起到正向完全中介作用。

表4-6 心理需求在组织支持和学术创新行为之间的中介作用

效应	点估计值	系数相乘积		Bootstrapping			
				Bias-corrected 95% CI		Percentile 95% CI	
		SE	Z	Lower	Upper	Lower	Upper
间接效应	0.324	0.138	2.348	0.168	0.669	0.158	0.601
直接效应	－0.182	0.122	－1.492	－0.538	－0.071	－0.438	－0.051
总效应	0.142	0.055	2.582	0.071	0.260	0.062	0.233

本书发现，组织支持感对青年引进人才的学术创新行为起到显著的负向作用，这与前文的研究假设相悖，但也为我们理解组织支持与学术创新行为的关系提供了一个不同的视角。组织支持之所以难以有效促进青年引进人才的学术创新行为甚至起到负向作用，可能存在两方面的原因。一方面，高校通过国家级人才计划给予青年引进人才人力、财力以及物力等多方面的支持，从政策资源供给的角度保证了这类青年学术精英群体充裕的学术资源和高额的科研经费。另一方面，当下的高校评聘制度改革也赋予了青年引进人才的学术工作和科研行为越来越深刻的规限与影响。当他们通过外在标准衡量自己的学术工作时，理想与现实之间存在的张力往往会使青年引进人才对现实产生无力感，从而对其学术创新行为产生负面影响。具体而言，绩效考核对于高校青年引进人才来说是一个重要的外在考核标准，对其晋升和薪酬等有着直接影响，也会间接影响其心理状态以及行为表现。近年来，我国高校所推行的以追求竞争、效率和显性指标为特征的人事制度改革在很大程度上影响了高校青年人才的职业安全感和组织支持感。这些改革虽然在一定程度上提高了一些青年人才学术量产的工作绩效，但同时也对一些青年人才的原始学术创新造成了明显的不利影响，例如使得部分青年人才过度追逐短期目标从而丧失进行原始创新、追求学术冒险的勇气。当个体处于支持性和非控制性环境中，且他们的工作以一种发展的、非评判的方式被评价时，个

体才更容易表现出积极的创造性行为（Shalley，Jing，Oldham，2004）。因此，虽然院校给予了青年引进人才各方面的物质性支持，但当青年引进人才处于高标准、严要求的不安全环境中时，其从事学术创新行为的意愿并不是积极的，组织支持并没有发挥积极作用。

本书还发现，当以心理需求为中介变量时，组织支持通过心理需求对学术创新行为产生的间接效应为正效应；当不以心理需求为中介变量时，组织支持对学术创新行为的直接效应则为负效应。正如前文所述，当院校仅仅给予青年引进人才物力、财力以及人力等有形的硬性条件支持时，并不能有效促进其学术创新行为，甚至有一定程度的遏制作用。已有研究表明，当组织成员感受到来自组织的支持时，在某种程度上能够激发员工内在的心理动机，其从事创新行为的意愿会有所增加（刘智强、邓传军、廖建桥等，2015；Deci & Ryan，2000）。因此，当组织支持并不能达到促进青年引进人才学术创新行为的积极效果时，应当考虑将组织支持和个体的心理需求相结合，在满足个体的自主性需求、能力需求以及归属需求的基础上，切实发挥组织支持对学术创新行为的积极影响。因此，高校在其发展过程中不仅仅要为青年引进人才提供硬件上的有形支持，还要为其提供能够满足其基本心理需求的无形支持，唯此组织支持才能够真正有效地发挥促进青年引进人才学术创新行为的积极效应，从而有效激发人才计划的政策效应。

第五章　高校青年人才科研生产力的影响因素分析

在本书中，影响青年学术精英科研生产力的根本在于是个体所具有的从事科研活动的基础特质，离开个体自身，其他影响因素都将成为无源之水。科研工作作为一种探索高深知识边界的高难度、高水平工作，只有当个体能够且愿意从事科研活动时，凝结于自身的学术特质才能逐渐散发并转移到具体的科研活动过程之中，进而受到个体之外的情境性因素与结构性因素的影响。总之，个体的科研活动在高等教育中形成了明显类似差序格局的同心圆结构，因此差序格局理论与本书中质性资料的分析呈现结果较为契合。下文将结合访谈数据对上述四层科研生产力影响因素进行具体分析。

第一节　高校青年人才科研生产力个体层面的影响因素

学术职业的个体特质常被认为是影响其科研生产力的重要因素(Creswell，1986)，Dundar & Lewis(1998)建构的科研生产力模型包括个体特质和组织特质两个层次，Bland 等(2002)也将个体特质作为科研生产力模型的三类主要影响因素层次之一，并通过后续实证研究验证了个体层次在高校教师科研生产中的作用(Bland，Center，Finstad，et al.，2005)。结合前文对科研生产力研究相应学术史的梳理，以及对 20 位青年引进人才的一手访谈数据的整理和分析，本书发现个体层面对科研生产力的影响可以进一步分为先赋因素和后致因素。

一、先赋因素

先赋后致理论源于美国社会学家 Blau 和 Duncan(1967)提出的地位获得模型(status attainment model)。先赋因素是指个体与生俱来、不随后天自身努力而改变的因素，例如年龄、性别、出生地、家庭背景等(Wirth，1947)。通过对访谈资料的整理，本书发现此类因素会在一定程度上影响个体的科研生产力。

(一)年龄

年龄作为最基本的先赋因素，对个体行动有着重要影响，但也易被忽视。科研活动需要个体投入大量的精力，那些在体力和精神上都“年富力强”的学术职业个体无疑具有更丰厚的人力资本：

> 数学家获得学术声誉的年龄可能还是在三四十岁……就是最有活力的时候，你可能会有一些比较好的想法。(费老师)

正如 Merton(2003)所指出的，年轻的学者更易接受新思想，年龄是影响科学成就的因素之一，这种现象在一些研究范式成熟的自然科学中更为明显(Blackburn & Lawrence，1986)。Cole(1979)则通过对不同学科的实证研究，发现了年龄与科研产出的量与质存在非线性关系，即个体产出在 30 岁之后略微增长，至 50 岁左右到达阈值顶点。在我国，受益于社会经济发展以及科技强国、人才兴国等战略的有效实施，高校教师队伍明显体现出年轻化的特征。2020 年，我国普通高校专任教师年龄在 44 周岁及以下的达到 1，175，595 人，占比约为 67.56%。① 基于阎光才(2016)对我国高校教师调查的截面数据，在不考虑学科差异的前提下，我国教师发表第一篇学术文献的平均年龄在 31 周岁左右，发表第一篇自认为具有学术影响著述的年龄在 35 周岁左右。该研究同时通过对 500 名 50 周岁以下教师的纵向追踪数据进行分析，发现 35 周岁以下具有产出优势者，其后各年龄段的产出与之存在显著正相关，即早期与前期的学术活力对不同年龄段的产出具有预测性。据此，基于年龄可以在一

---

① 中华人民共和国教育部. 2019 年教育统计数据：专任教师年龄情况(普通高校)[EB/OL]. (2020-06-10)[2022-02-15]. http://www.moe.gov.cn/jyb_sjzl/moe_560/jytjsj_2019/qg/202006/t20200610_464573.html.

定程度上预测人才成长的规律。纵观我国制定的各类人才政策文本，年龄作为重要的政策工具，成为一系列人才政策中必不可少的工具性指标，“××年的时候我36岁，就是比较卡在那个(年龄)底线”(赵老师)。

目前，我国高校、研究院所等科研组织日益看重青年人才的学术活力与潜力，青年引进人才队伍的低龄化趋势也较为明显(徐风辉、王俊，2018)，年龄在很大程度上影响了青年引进人才个体开展科研生产活动的过程：

就像1985年左右(出生的)，就很容易加入一个院士团队，因为年轻人还比较有价值。我现在年龄大了一点，加入这种团队，对方会觉得你可能有点(年龄)太大了……那时候我离45周岁，还有大约四五年的时间，还可以冲一冲……至于后边能不能轮到我，因为时间很有限，很短，四五年转眼就过去了……后期成果出不来，后边也耽误了嘛，对吧……我这样就很难……年轻的成果多，有后劲。(车老师)

我快到35周岁了，这个卡还没过去呢，头衔也没拿到。总是有一种很慌的时间线压在那里，让人总是有点什么卡在喉咙里的感觉，是吧？至少就很难真的静下心来做个三五年。(史老师)

国内大家职业规划应该都差不多吧，就是出更多的文章，做更多的科研，然后早点评一些title(头衔)，这个是现实的。(全老师)

由此可见，在我国愈发庞大的学术劳动力市场中，年龄已经成为制度和政策设计中最为刚性的限制性因素(阎光才，2014)，各类人才项目中的“压龄现象”愈发突出(李峰、魏玉洁、孙梦园，2019)。虽然科学研究工作需要个体投入大量的精力，使之在一定程度上被认为是青年的“游戏”，但随着知识边界的拓展，全球化浪潮和信息技术进一步扩大了无形学院的知识网络范围，年龄增长带来的知识、经验及资源积累使得个体更为契合知识生产模式的转型趋势，科学创造的最佳年龄不断后移(周建中，2019)。由此看来，年龄因素在科研生产体系中，同时受到结构、体制以及个体其他因素的交互作用影响。年龄对个体科研产出的影响会和更为复杂的外部因素相连接，既有直接的一面，也有间接的一面，因此需要全面看待年龄的作用属性。正如阎光才(2016)所指出的，基于年龄的相关政策如果处置不当，极有可能导致年龄的天花板效应，进而使个体目标迷失，甚至信心与信念受挫，抑制人力资源效率的发挥。据此，如何在加强青年人才的引进与培育，优化教师队伍年龄结构，提升科研产出效率的同时（鲍威、金红昊、田明周，2020），避免落入简单以年龄为刚性筛选依据的人才政策误区，从而更加有效地激发不同年龄及职业生涯发展阶段教师个体的学术活力（阎光才，2014），仍须进一步探讨。

（二）性别

在学术场域中，“玻璃天花板”的客观存在令学者们开始关注性别因素对科研活动的影响。有学者发现女性教授不仅在数量上明显少于男性教授，而且在职位、薪酬、学术声誉等方面也处于相对劣势的地位（Larivière，Ni，Gingras，et al.，2013）。传统研究一般认为女性科研人员的学术成果少于男性，这已经成为学术界“科研生产力之谜”的表现形式之一（Cole，Jonathan，Zukerman，1984）。就生物层面的性别差异而言，女性并不具备明显的劣势，比如偶尔的“精力没那么旺盛”（祁老师）对从事科研活动并非毁灭性的影响。结合已有研究和受访教师的个人感触，性别对女性科研工作者的影响往往超出了性别本身：

其实你有没有发现某一个行业做到顶端，做到上面以后，基本上都是男的在打拼。我觉得可能也不是女的能力不行或者怎么样，可能到某个年龄，女的精力就会被分散掉了。她就不可能全心全意地去搞科研，她觉得结婚以后就要生小孩，照顾家庭了，所以说这也导致，尤其是在某些方面，她的投入肯定少了。无论在哪一个领域，学术界或者企业界，你会发现能做到顶端的，基本上都是一些男的。但是我也看过国外的一些调查或者报告，说到底男女的智商什么其实都是一样的，没有区别。只不过女性在某个不同的阶段会被分掉不同的精力去其他行业，不可能再专注了。这就跟过去女的在家相夫教子是一个道理，你没有那个机会，自然就出不来了。（祁老师）

正如这位受访女教师所言，性别之分并不会导致个体在工作能力上的显著性差异，与性别交织的社会文化因素起到的作用往往更大，而这些交互作用在女性青年引进人才处理家庭—工作关系时最为明显。在中国长达数千年的“女主内”传统文化思维中，承担家庭责任的角色期待常被寄望于女性个体，而这样的角色期待在很大程度上影响了女性学者的科研投入、成果产出和职业发展：

其实我觉得在科研这个方面啊，女性还是受到很大的制约，这个主要也在于比如说女性在工作过程当中，对家庭的投入啊，比如说你要生孩子啊，然后你要照顾家里老人、孩子啊，这些都是需要不少时间和精力的。（景老师）

她们有了家庭以后可能就放弃了，就不可能再往上走了。我觉得这个是有关系的，和观念是有关系的。特别是有了小孩后，科研做得没有那么好，差不多就行了，不要那么辛苦，这是很普遍的想法。（祁老师）

当下的高等教育聘任制改革也给女性青年引进人才带来了很大的职业压力，工作不安全感与家庭角色期待相互影响，使部分女性青年引进人才进一步推迟或放弃生育，以换取学术工作的相对稳定（Li & Shen，2020）：

我的团队有两个都是女性青年引进人才，都已经快 40 岁了，还没生孩子。（赵老师）

上述性别—家庭—工作之间的冲突反映了学术场域中存在的性别与权力之间的不对等关系，但这种异化关系并非牢不可破：

德国的科研界对女性科研人员的倾斜政策非常多，比如说有专门针对一些女性人员的 funding（资助），也有一些大型合作型项目要求女性科研人员的比例，而且高校的每一个学科方向在部分考核评估的时候也要求女性科研人员的比例，这些就从一些硬性条件上给了女性科研人员生存的空间。（景老师）

当时我就给自己在德国那边留了一年的过渡期，然后在那边把孩子生了以后再回来……当时在那边怀孕生小孩的那一段时间……我也不需要进实验室……然后讨论啊，seminar（报告会）这些都还可以做……基本上我每天就只有几个小时过去（研究所），其他时间我都在家里办公……当时这个氛围我其实没有耽误什么工作，我那个阶段也出了不少文章，科研合作也都没有耽误，也是经常带着孩子来玩、来开会，反正我觉得他们社会对这个的容忍度还蛮高。（景老师）

由此可见，至少可以在组织层面为女性科研工作者提供相应的制度保障与政策支持，帮助个体维持性别角色期待和学术工作理念之间的和谐关系，进而降低性别因素给科研生产力带来的消极影响，营造相对平等的学术性别场域。

另外，科研活动具有很强的社会网络属性，在学术共同体中互相交流、合作已成为提升科研生产力的重要手段(De Solla Price & Beaver,1966)。虽然有研究认为传统的性别偏见使得女性在科研合作网络中不具备优势(林聚任,1997,2000;McDowell & Smith,1992)，但也有研究发现学术劳动力市场更加遵循"普遍主义"规范，性别歧视程度可能大大低于普通劳动力市场(朱依娜、何光喜,2016)，而且女性科研人员的合作网络在年龄异质性、性别异质性和职称异质性方面的指标均高于男性(赵延东、周婵,2011)。此类观点在访谈数据中也有所体现，如一位受访女性教师认为"女性在(学术)交往方面很厉害"(祁老师)。如果能在破除学术场域性别不平等的基础上充分发挥女性科研人员独有的性别特质，那么将对破解性别层面的"科研生产力之谜"大有助益。

(三)家庭背景

家庭背景作为具有代表性的先赋因素之一，影响着个体的教育机会获得，而教育机会又是个体进行社会流动，占有更高社会阶层地位的重要因素(Blau & Duncan,1967)。具体而言，父母教育经历、父母职业、家庭所在地、家庭社会关系等因素凝聚而成的家庭文化资本及社会资本是个体获得高质量教育机会的重要基础。

在本书进行的深度访谈中，有几位受访教师或多或少地提到了自身的家庭背景对其学术职业工作的影响。其中一位受访者曾在我国某知名研究型大学就读少年班，其父是当地从事基础教育工作的教师，父辈职业与家庭所在地都在其高等教育机会获得中发挥了一定的作用：

> 我是××省的……我小学早读了一年，读了五年，没有六年级，高二就参加高考了……我父亲是老师……我们班(某大学少年班)里当地的同学很多。(费老师)

家庭文化资本作为一种具有精英传递性质的文化再生产模式，能够在个体接受教育的过程中增强其学业优势(Byun,Schofer,Kim,2012)。具体而言，家庭文化资本对教育获得的影响，主要体现在父代受教育程度在代际之间的传递(刘浩、钱民辉,2015)。传统的文化资本议题常聚焦父亲所拥有的文化资本对子女获得高等教育机会的影响，诸多实证研究也发现在20世纪

90年代的中国，父亲的文化程度越高，子女就读高层次高校（刘宏元，1996）和热门专业（孟东方、李志，1996）的机会就越多。与此同时，户籍制度背后映射出的家庭社会经济地位也是影响教育获得与就业地域选择的因素之一。除了上述在本地就读大学的受访教师之外，另一位受访教师选择在××大学从事学术职业的原因也包括“都在省内，离我家比较近”（戚老师）。刘精明（2004，2008）将上述微观家庭因素和结构性因素相结合，发现以家庭文化资本为核心的内生性家庭资源具有相对稳定性与持续性，而以家庭社会经济地位为核心的外在性家庭资源则具有一定的变动性，两类资源共同构成个体的家庭背景，在子女入学和升学方面发挥重大作用。由此可以看出，家庭背景可以通过或直接、或间接的路径作用于个体的教育获得，优势家庭背景所带来的高起点、高层次、高水平的教育经历，不仅有助于个体学术能力的培养与提升，也能为个体后续开展科研合作积累社会资本，而这些因素都是促进个体生产力的关键因素。

二、后致因素

根据地位获得模型，后致因素是指个体通过后天努力所获得的，能够改变自身社会经济地位的一系列因素，具体包括个体教育经历、初职社会经济地位及当前社会经济地位（Blau & Duncan，1967）。在本书中，以教育经历和工作经历为代表的后致因素对受访教师个体的科研生产力具有重要影响。

（一）教育经历

教育经历被视作最核心的后致因素，学界通常认为教育在个体获得社会地位的过程中会发挥较大作用（张翼，2004）。虽然有学者认为家庭背景会维持教育获得的不平等（王伟宜，2013），不过也有学者指出即使接受教育，也并不能改变个体过去的社会和家庭背景。但是教育，尤其是高等教育将影响其之后的生命历程，教育经历可以作为个体在关键生命事件中获得的后致因素（田丰、刘雨龙，2014）。具体而言，教育经历一般包括受教育年限、最高学历/学位、获得最高学历/学位的学校类型及层级等可测量内容（Rodriguez，1978；张延吉、秦波、马天航，2019；周秀平，2019；陈恢忠，2005）。受教育年限与最高层次学历/学位是最易观测的后致因素，年限越长通常意味着教育层次越高，个体所拥有的人力资本越丰厚。在学术场域中，拥有高层次的教育经历，如博士学位(Niland,2010),已成为个体进入学术劳动力市场的最基本要求。

在本书中,所有受访教师均获得博士学位,平均受教育年限超过21年。正如某位受访教师所言,一方面学术职业要求长时间与高标准的教育经历,另一方面在学术组织中的长期浸润也加深了个体从事学术职业的意愿,“现在我搞研究,不想去企业……毕竟还是希望读了那么多年书,能做点自己想做的事情”(戚老师)。与此同时,所有受访教师在博士教育阶段所掌握的科研能力、研究视野以及初步建构的学术网络,都能够帮助个体在进入学术劳动力市场后更顺畅地实现身份转换,使其游刃有余地处理学术工作相关事务。

此外,个体获得最高学历/学位的学校类型与层级也是影响个体科研产出的重要后致因素。学校类型和层级背后隐含的是其作为一种教育组织的组织声望,这种声望在各级各类教育中均有所体现,在高等教育场域中尤为明显(Crane,1965)。对高等学校而言,在悠久的办学历史中培养了繁多的社会精英,无疑是其组织声望的最好体现。对学术职业而言,个体在高等教育阶段就读学校的社会声誉会影响其在学术劳动力市场中的竞争力,这点在西方和我国高等教育场域中均有明显的体现(Hargens & Hagstrom,1967;Burris,2004;张斌,2013;李潇潇、左玥、沈文钦,2018)。本书中20位受访教师的博士学位均于国内外著名研究型大学获得,其中有19位受访者的本科或硕士学位也于相似层级的高校获得。母校顶级的学术声望一方面为受访教师个体在博士训练阶段提供了丰厚的学术资源,“像我们这种大组,已经积累十几二十年,仪器都是现成的,什么东西都有,条件其实是挺好的,该有的都有”(干老师);另一方面也为其建构了初步的学术网络,“好处就是你可以接触到很多很多优秀的人,你可以从他们的身上学习一些东西”(全老师)。长期的严格训练与学术氛围浸润,无疑会强化个体的科研能力与关系网络,提升个体的科研产出,而个体又能借此获得学术劳动力市场的认可,反过来提升母校的学术声望,使组织和个人获得双赢,“所以就是做得最好的可能还是集中在名校出来的”(费老师)。

(二)工作经历

工作经历是个体自身能力和社会资本的双重体现,常被认为受到教育经历和初职经历的共同影响,成为一种具有“信号”(signaling)属性的后致因素(Spence,1973)。其中初职经历同时受到家庭背景和个体教育经历的影响,既是反映个体工作经验的重要信息，也是个体获得当前职业及社会经济地位的关键中介(Blau & Duncan,1967)。根据人力资本理论和教育筛选理论，高层次的教育经历在提升个体人力资本和社会资本的同时，也为个体进入劳动力市场提供了强有力的筛选信号，这点在学术职业的工作获得及流动中更为明显。本书中的20位受访教师，除了拥有高层次的教育经历外，也都曾在学术组织从事博士后工作，博士后工作经历平均超过3年，其中有7位受访教师拥有2段及以上的博士后工作经历。此外，有16位受访教师在获得博士学位后的初职为博士后。当下，博士后经历已成为个体在学术劳动力市场获得具有竞争力的学术职位的基础条件之一(Chen,Mcalpine,Amundsen,2015)。对学术人才而言，博士后经历是其积累学术工作经验和资源，获取优势积累效应的重要阶段(Akerlind,2005)，同时也是推动个体成长的关键事件，对于高层次人才的成长有积极作用(乔锦忠、陈秀凤、张美琦,2020)。正如几位受访教师认为的：

> 按照你的个人经历，你去的学校，选择的方向，选择的导师，然后到博后跟着的导师，导师的方向，这些都对科研产出有很大影响。(费老师)
>
> 比如说你研究那个方向，你已经弄了那么长时间了，博士、博士后都搞了那么长时间了，那你大致上还是可以形成一些自己比较独特的想法的。(俞老师)
>
> 在做博后的时候学到很多东西，包括做应用、做产业化的东西。(姜老师)
>
> 我做博士后的时候就已经指导学生了，积累了指导学生的经验。(穆老师)

与此同时，海外/境外学术组织的博士后工作经历也能帮助个体建构国际层面的学术社会网络。在全球化时代，高层次人才在国别、区域和机构间的环流(brain circulation)是一种非常积极的利益共享机制，十分有助于知识的生产和溢出(黄海刚、连洁,2019)。从个体视角出发，高层次人才的流动是以个体自身能力为依托的一种积极选择机制，这种能力在学术场域中常以科研产出为表征(Gibson & Mckenzie,2012)，而海外留学和工作经历将有助于个体提高科研产出质量(李文聪、何静、董纪昌,2018)；从人际视角出发，跨境工作经历将帮助个体扩展专业合作网络，使其更易获得国际同行的认可，对个体回国后从事学术工作将发挥长久的推动作用(Jonkers & Tijssen,2008);从组织视角出发,引进具有海外经历的高层次人才既能为学术组织融入国际学术网络提供便利,也能扩大其学术资本和声望,进而增强对各类学术资源的竞争优势,提高整个组织的科研生产能力(黄海刚、连洁,2019)。正如几位受访教师所言,这些回流的高层次人才不仅"给我们中国的科研带回来一些很新鲜的血液,毕竟是年轻人,国际视野还是有的。就算带回来的都是从国外老师那一代学过来的,也是一些新的东西"(赵老师),"为学术圈带来了很多改变"(谈老师),而且"形成了一个宣传效应,让大家感受到国内的发展,带动周边各类人才的回流"(谈老师)。

第二节　高校青年人才科研生产力关系层面的影响因素

当前,科学研究已成为具有很强组织化和社会化程度的专门活动,随着人类知识边界的不断拓展,学科领域日益交叉,知识创新愈发依赖资源共享与协同合作(Bammer,2008)。对科研工作者而言,知识生产模式的持续转型也要求他们不断寻找合作伙伴,以此扩宽学术视野并提高研究效率。这种人际关系即 Bourdieu(1986)认为的"社会资本",是"与制度化的关系网络有关的,现有或潜在的资源集合"。社会资本是一种嵌入社会结构的资源,为了动用这些资源,个体需要在行动中有目的地加以使用(Lin,1999),以此提高合作概率和质量,促进目标达成(周晔馨、涂勤、胡必亮,2014)。对科研工作者而言,"拥有的"和"动用的"社会资本都会对科研生产力产生影响(Abramo,D'Angelo,Di Costa,2009)。"拥有的社会资本"会影响个体将来的目标实现,而"动用的社会资本"则关注个体在已达成目标的行动过程中所动用的人际关系(Lin & Dumin,1986)。通常情况下,学术工作者动用的社会资本较易测量,如一些研究通过个体之间的学术合作行为测量其已动用的社会资本(Bozemam,Fay,Slade,2013;梁文艳、周晔馨,2016;梁文艳、周晔馨、于洪霞,2019)。相对而言,学术职业个体拥有的社会资本隐藏更深(Laband & Tollison,2000),相关研究常以学缘(教育经历)和业缘(工作经历)为指代(Bozeman & Corley,2004;刘国权,2018;梁文艳、周晔馨、于洪霞,2019)。结合已有文献和20位受访教师的访谈数据，本书发现在关系层面影响个体科研生产力的因素主要包括学缘关系、科研合作关系以及学术交流关系。

一、学缘关系

学缘是与生物学中的血缘和亲缘相似的概念，泛指教育和科学研究中师生和学术派别之间的渊源关系（刘道玉，2006），也可被认为是以师徒、同门师兄弟姐妹、同学等关系为纽带建构的一种利益共同体（钟云华，2012）。学缘作为“学术基因”或“学术DNA”，已被普遍认为对学术职业个体的发展具有重要影响（黄建雄、卢晓梅，2011；吴菡、朱佳妮，2018）。以往的研究常将学缘作为学术近亲繁殖相关研究的核心概念，探讨其对学术职业个体及学术共同体的负面影响（Eells & Cleveland，1935；McGee，1960），并尤为关注其对个体或组织的科研生产力的影响（Soler，2001；Cruz-Castro & Sanz-Menéndez，2010）。随着研究视野的拓展，学缘对学术职业个体发展的积极作用也逐渐被揭示（Lu & McInerney，2016；张冰冰、沈红，2015）。在本书中，受访教师与其博士/博士后导师之间的学缘关系极大地影响了个体的学术理念与科研惯习，尤其是思想性的引领。正如下述受访教师所表达的：

> 我觉得我那两个老师的性格都很像，在这些大的课题组，他们给了我很多空间和自由去做事情。在欧美，我觉得他们都已经非常非常成功了，已经在世界领域达到了很大的影响力，所以他们并没有说有多少压力一定要完成什么，会给学生很多空间，你可以做一些事情，甚至你可以做自己想做的任何事情，他们都可以support（支持）……他们更多是一种思想上的引领，不会亲手去教你什么，两个老师从来没有personally（亲自）教过我任何技术上的、知识性的东西……我觉得他们给我更多的是思想上的、科学哲学上的，看待问题的态度，研究问题的大的思路，这是我从他们身上学习到的东西。（全老师）

从中可以看出，作为影响博士生个体学术社会化过程的核心行动者，导师不仅影响博士生习得学术职业所应具备的技能、知识和倾向，而且对其接受和内化学术职业个体所须扮演的社会角色以及所须遵守的普遍规范等具有重要的引领作用。导师的知情意行、言传身教等正是博士生个体攀登学术高峰的重要支撑。具体到科研层面，导师的科研理念同样会影响个体的科研感知和行为，从而影响其科研产出和学术生产力：

我们导师早就过了考核的阶段，他做的科研呢，纯粹就是兴趣，用他自己的话讲呢，他就是想探索未知，想推动他所研究的这个东西，在整个领域里起到一个推动作用。所以说他不在乎其他的，而且他也不缺钱，他不在乎时间，他就想做最好的科研，这种观念多多少少会影响我。（迟老师）

我的博士导师说到底就是引导我去做什么样的问题，去做什么样的方向，这些东西很重要。（费老师）

我博后导师对这个前沿的把握非常厉害，比如说一个工作，你是否值得做啊，有多少创新……因为他资历也比较深，然后他确实站得高，看得远。（宾老师）

上述受访教师都认为导师对其科研领域和方向选择产生了重要影响。对本书的受访教师而言，其博士生或博士后阶段的导师所拥有的高水平的科研能力和广阔的学术视野，不仅能够有效指引当时正处于学术职业初期或入门阶段的个体进入颇具学术生命力的基础或前沿研究领域，而且能够为个体后续独立开展科研工作带来极为深远的积极影响：

一个研究者，其实自己工作的好坏是自己判断的，而不是靠别的……也不用听信审稿人。我的导师告诉我，如果你做的东西是 go ahead the time（就是在时间之前的），there's no good reviewer（没有好的审稿者），因为你做的是世界上从来没有的，那怎么能被人接受呢？……我的导师告诉我，你还是要有自己的判断。我现在做研究也是，不看别人的判断，还是要看自己的判断，也不要跟着别人，我觉得什么好，我就做什么。（穆老师）

从中可以看出，导师超越一般水平的科研判断力一定程度上改变了这位受访教师对学术前沿的认知，并将之内化至自身具体的科研行动中，培养出了一种较强的科研效能感，而这对于个体的学术职业发展十分有益。正如这位受访教师所言，当个体处在尚未充分开拓的知识边界时，继承自导师的科研判断力就如同深海航行的锚点，能够为其提供有效的支持，帮助个体判断前沿领域的创新潜力，并决定是否进行持续的科研投入。长此以往，个体将不断积累探索未知领域的科研经验，逐渐形成较强的科研洞察力，进而体现在可见的研究成果上，增强其科研产出的创新质量。此外，导师在行为上对个体科研参与的帮助也是影响个体科研感知的重要因素：

我的博士后导师对我的学术生涯影响还是很大的，包括研究风格，做 research（研究）的一些方法，他甚至连标点符号都会很认真地帮我修改。（穆老师）

综上，导师在思想和精神上的启迪，以及行为和实践上的帮助，既对受访教师从事科研活动产生了直接的积极作用，也加深了其对学术职业的认知，使得承载于师生学缘的学术理念得以内化，进而帮助个体更加顺畅地实现学术身份的建构。此外，本书中的所有受访教师在教育和工作阶段经历了跨国学术流动，拥有丰厚的国际学术资本，其中也有几位受访者是回到母校担任教职的“衣锦还乡者”（silver-corded）（Horta，2013），其以学缘为桥梁的跨国学术资本与本土学术关系网络将同时对个体的学术职业发展产生促进作用（Li & Tang，2019）：

我以前就是这个学院（硕士）毕业的，跟以前的老师都比较熟，舒服一点，会顺利一点，很多东西会方便一点……不需要那么长时间去适应。进来以后，跟以前在这里时都一样，没有太大的差异。工作上，比如实验室建设什么的，都可能更快一点，工作也能开展得更快一点。（史老师）

首先能回来，就因为是（本科）母校，还是有感情的，那些老师都认识你，他们愿意引进你……比如说找系里其他老师来帮忙，可以直接找他呀，人家会帮忙的。（倪老师）

对于科研活动而言，上述基于学缘关系的师生学术交往一方面是个体获得学术资源、感受精神熏陶的核心要素，另一方面也是个体拓展学术网络，进入学术共同体的基础要素。具体到组织情境中，个体拥有间接性的学缘关系不仅能够助益其加强与组织的情感联系，而且将使其在科研层面获得资源支持的过程更为便利。从中可以看出，这种情感性的纽带也是学缘关系的重要组成部分，能够在规避学术近亲繁殖负面效应的同时，增强个体在组织中的社会网络资本，进而提升个体的科研生产效率，以此提醒后续研究更全面地看待学缘关系在学术职业发展中的作用。

二、科研合作关系

身处大科学时代，科研合作作为实现资源共享、优势互补、避免重复研究、提高科研效率的重要途径，已成为学术工作的重要组成部分，很多高水平研究成果都是合作的产物（张丽华、田丹、曲建升，2020）。一般认为，科研合作的表现形式较为多样，主要包括共享人、财、物等科研资源以及合著论文、共同申请研究项目、共同申请专利等。其中，论文合著是科研合作中最易观测的合作形式。正如 *Science* 的一项研究发现，国际学术界的论文发表越来越依赖团队，每篇论文的平均作者数已增加至 3.5 名（Wuchty，Jones，Uzzi，2007）。如前文所述，本书中的 20 位受访教师都拥有国际学术流动经历，他们所处的国际科研合作关系网络对科研产出的影响尤为明显：

> 我跟博士导师如果遇到合适的问题，还是会去做一做。然后跟博后的老师，还有博后阶段合作过的人呢，也是一样的，如果有棘手的问题都会去问。（费老师）

国际科研合作网络一方面能够为个体带来更为宽广的学术视野，有助于个体融会中外学术思想与科研范式；另一方面，西方作为现代科学的发源地，仍然在一定程度上占据着科学共同体中心的地位，影响着全球科研的发展，这点从本书中所有受访教师的国际学术经历都在西方发达国家也能有所窥见。因此，个体可以凭借国际科研合作关系相对顺利地进入某些学术前沿领域，开展更具超越性的科研工作，积累自身的科研产出优势。具体而言，受访教师利用自身国际科研合作关系网络的方式各有不同，既有在研究设备、空间等层次进行“物”的合作，例如：

> 我们这个方向的话还可以跟国际合作，到国外去进行，利用他们的大型装置来做实验。（薛老师）
>
> 我自己一方面是在外面做实验，找朋友的实验室做实验，另一方面我通过××系的朋友借了一个实验室……因为他们系的资源比较多，就花点钱去租一下人家这个实验室……我就通过他，相当于从他们系租了一个实验室，然后我去用他这个实验室。（干老师）

也有在学生培养、人才交流等层次开展“人”的合作，例如：

我会把学生送到各个高校、各个课题组，其他也做类似实验的课题组，包括国外，去培训，去学习。（罗老师）

在出国方面，其实我现在出去的学生，对方的老师都是我自己介绍的……有合作关系，但是这个合作没有特别说一定要做这个项目的，就是以前我曾经工作过的地方，或者说我开会认识的这些老师，觉得一个方向还挺接近的，我就鼓励学生申请 CSC 奖学金的时候，去申请这些老师的。（宾老师）

这些合作形式都与已有研究（Leahey，2016；Bozeman & Corley，2004）十分契合，表现出了国际学术流动经历对个体积累社会资本、构建学术网络的积极效应（沈文钦，2020）。因此与一般学术职业个体相比，青年引进人才所拥有的学术网络资本十分丰厚，非常有助于其科研生产力的提升，正如一位受访教师所言：

你和国外有 connection（联系），你有国际合作呀，对吧？这都是别人没法比的，因为本土老师相对比较难进行国际合作。你看我和这些老师、大师还在合作啊，对吧？我可以经常聆听他们的教诲，那还是不一样的。而且我有很多国外同行，这些合作者也是来自××大学和××大学的，这些人在国内都挺厉害的。（穆老师）

此外，也有学者发现学术领域的科研合作模式主要分为同领域强化型、领域互补型、开拓新领域型三类（Leahey & Reikowsky，2008）。在外部发展日新月异的当下，知识生产模式转型愈演愈烈，学术研究的跨学科、交叉学科属性已经成为个体开展科研合作需要着重考虑的因素，这在本书的访谈资料中同样有所体现：

这个当然看不同的情况，说起来可能会有点复杂，但是比较典型的情况一般是，有的时候可能就是几个人对某个特别问题比较擅长，就是这方面的专家，然后知道有一个交叉，可以进行合作……有的东西可能的确需要不同背景的人、不同方面的背景知识，这是一种情况。还有就是说可能你刚好在做差不多的问题，也会去考虑合作一下。（费老师）

从整个半导体领域来看，实际上不只是需要做材料的人，需要做物理的，也需要化学的，还需要做其他方向的人，每个方向的人他有不同的视角，比如说做物理的人很多时候会去想方法，结合现在的东西做更高level（水平）的、概念上的一些突破，比如说方法上的突破。再到细节上面，我们要解决一些细节问题的时候，可能需要做化学的人，做材料的人……实际上每个工艺结合起来，才能够去做成功某一些东西，对吧？所以这个实际上是非常非常大的一个领域，不是说一个方向的……包括交叉研究，怎么样基于重要的科学问题或者说技术问题，结合不同的人，不同方向的人，怎么样去共同攻关，这个东西很重要。（薛老师）

正如上述两位受访教师所述，在人类知识边界日益扩展，学科专门化愈发加深的当下，知识生产模式需要从单一学科、领域、方向的模式Ⅰ转向更具跨学科、领域、方向的模式Ⅱ，甚至超越单一科研组织，由多方利益共同体联合合作进行科研生产的模式Ⅲ（武学超，2014），使得领域互补型和领域拓展型科研合作的必要程度大为提升。对于本书中的受访教师而言，其丰厚的学术网络资本更有助于他们寻找不同学科、领域、方向的合作伙伴，而且青年引进人才的国家级人才头衔也能为其与包括政府、企业、产业等其他主体共同开展科研活动提供便利，这些因素的累加将十分有利于个体科研生产力的提升。

此外，随着科研竞争的日趋白热化，传统的科研合作模式渐渐无法满足学者们多样化、个性化的科研需求。随着互联网技术的高速发展与逐渐普及，信息交流方式更新换代，学术合作方式也发生深刻变革（王战平、朱宸良、汪玲等，2020）。虚拟学术社区依托互联网，打破科研合作的时间、空间和学科限制，其开放性、互动性、匿名性和超时空性等特征吸引了大量学者，日益成为一种全新的学术合作平台（王俭、修国义、过仕明，2019）。有学者发现，虚拟学术社区能够将地理位置分散、志趣相投的研究个体聚集在一起，形成知识交流网络（Chen & Hung，2010），有利于促进对已有问题的深化研究，并在此基础上开展跨学科合作（Oh & Jeng，2011）。当下，国内外学者在虚拟学术社区中开展科研合作呈上升趋势（Lin，Hung，Chen，2009；张海涛、孙思阳、任亮，2018）。在本书中，有一位受访教师在虚拟学术社区建立了丰厚的科研合作关系网络：

我觉得中国主要是一些互联网平台做得很好，像我个人有微信公众号平台，还有3000～5000人的QQ群，互联网不但有利于提升我的个人声誉,包括影响力的增强,也让我找到了招博士后的机会。人家博士后通过互联网认识了我,所以我可以招来博士后。别人招博士后都很困难,我招博士后并不很难。(穆老师)

我在3000人的群里一讲,400～500个人在听,那影响力多大,而且我讲得好,可以吸引听众去引用,我觉得互联网这一块其实国内还是有优势的,利用网络资源,你可以了解一些最新的前沿,有很多人会介绍自己的各种成果……你可以很快速地了解这个世界发生了什么……(穆老师)

这位受访教师通过国内发展势头强劲的互联网社交平台建构了以自身为中心的虚拟学术社群,不仅扩大了学术影响力,也通过多方位的自我展示招收到了科研团队人员。该虚拟学术社群对于回国任教职尚不足3年的受访教师扩展学术声誉、组建科研团队都十分有益,使其能够更好地在组织中获得发展:

我已经回国两年多了,全部都是合作者在发文章,我自己没有怎么发表,就发了一篇文章……有很多文章,都有好几个学校的合作者,有些是通过各种平台认识的。(穆老师)

正如其所言,虚拟学术社群为个体开展科研合作提供了更宽广的平台,这种超越时空限制的合作网络有助于任职初期阶段的学术职业个体寻求合作机会,增加科研产出,进而获得较强的学术工作安全感,实现学术职业发展阶段的平稳过渡。

此外,这位受访教师不仅在社交平台进行自我展示,也在专业的学术网络社区经营学术网络,以此综合多种虚拟社区的科研合作关系网,更为全面地提升其学术影响力与科研成果可见度:

我也运营我们这种科研的一些平台,我会推送我的东西……我自己亲自维护,也花不了太长时间。(穆老师)

综上,基于互联网技术的虚拟学术社区能够为个体创造一定的科研合作机会,从而提升其科研生产效率。作为一种弱网络关系,虚拟学术社区一方面能够为科研人员提供具有较强异质性的学术资源,增强科研创新潜力,另一方面也能使个体进入更广泛的社会网络,为隶属于不同网络的知识及资源交换提供可能(王战平、朱宸良、汪玲等,2020)。

三、学术交流关系

学术交流是促进学术共同体发展的重要推进力量。根据已有研究,学术交流一般是指学科领域的研究人员通过各种正式或非正式渠道,使用和传播信息的过程(Borgman,2000),具体的交流载体既包括期刊、著作、研究报告等出版物,也包括学术会议、交流访问等活动。随着互联网技术的发展,学术社交平台也逐渐成为学者们交流思想、互通有无的重要工具(夏秋菊、栗文超、薛晶晶等,2014)。因此就内涵而言,个体的学术交流关系作为一种非正式的互动关系,不依赖于有形的科研产出,而是更偏重思想层面的交流碰撞,类似缄默知识的传递,使得其联结范围要广于学缘关系和科研合作关系,成为个体积累学术网络资本、提升科研效率的途径之一。在本书的访谈资料中也有所体现:

> 你出去开会,跟别人去聊也是一样的,你会接收各个方面的信息,别人在做什么,对吧?现在这个圈子主要在做的问题是什么,对吧?哪些是好的、有价值的问题,找问题是毕业之后最重要的一个能力。(费老师)

正如这位受访教师所言,学术会议作为个体参与学术交流、建构学术网络的主要形式之一,是个体在学术共同体中生成学术身份、展示学术声望的重要场域(Biggs,Hawley,Biernat,2018)。个体参与学术会议的过程,是其与学术共同体成员及各类利益相关者实际交互的过程(肖建华、霍国庆、董帅等,2009)。学术共同体成员围绕知识共享和创新的具体目标,在自由平等的学术文化氛围中进行思想碰撞,进而建构一种基于信息交换的复杂动态系统。而且,本书的所有受访教师均有国际学术流动经历,具备一定的跨文化交往能力,并且拥有更加广泛的国际学术网络(Jöns,2011),能够更好地参与国际学术交流,提升学术视野:

> 相对来说我们这些人在海外工作过,可能就是对国际视野,或者说对国际交流方面会比较重视一点,比如说让学生出去开国际会议啊,还有在国际方面认识老师啊,在科研方面的交流啊,可能会稍微多那么一点吧。(宾老师)

在全球化时代,科学研究同样离不开国际学术话语体系,使得国际学术交流关系也能够为个体的科研生产带来实际效益:

我觉得以前在国外建立的一些 connection(联系),在国外学术界的一些关系也挺重要,就是说人家认识你,然后你发文章、审稿之类的可能都有一些便利,但前提建立在你这个工作确实做得不错的基础上。(任老师)

与此同时,参加学术会议也是个体融入学术共同体的重要手段,对于本书中的青年引进人才而言,融入国内学术网络至关重要:

如果你是以这种形式来融入集体的话,就是以科学内涵、以方向的角度去融入集体,说白了,就比如说集体开个会,我们这三个二级学科开个会,高分子材料、功能材料几个方向的会,你如果自己单干,整天也不去跟人家坐到一起,人家开会也不会找你。另外一种情况呢,就是你本来就跟这些人比较紧密,开个会,那这个任务你来搞,对吧? 那你在这个会上,国内来的人,你不就跟这个集体融进去了吗? 你就跟着他们,一下就进去了,对不对?(俞老师)

从中可以看出,虽然青年引进人才拥有丰厚的国际学术网络资本,但其回国后的融入和适应问题依然存在,原因之一是个体长时间在国外进行学术训练,导致其与国内学术网络的联结相对薄弱,回国后的一段时期无法从国内学术网络中获得相应的学术支持。而学术会议作为学术共同体相互交流的最主要形式,个体有必要积极参与,在获得思维启发的同时也能为营造国内学术交流关系打好基础。当基于非正式关系的学术交流逐渐增多后,个体的国内学术网络得以建立,进而更好地发挥海外引进人才的优势,融汇国内外学术网络,获得远超一般学术职业个体的科研合作机遇。此外,由于新冠疫情带来的巨大影响,互联网平台已成为近期学术交流的主要工具。互联网技术一方面大大降低了学术交流的时空成本,提升了个体融入无形学院的效率:

由于疫情的关系,大家线下的活动基本上都取消了,都改成线上,像这种会议在线上去做也是蛮好的,也没有说因为这个就受了很多影响,反而不用去一个地方开会了,所以其实……今年听的会比以前听的还要

多一些。(费老师)

另一方面也更有利于增强科研工作的可见度,提升潜在的科研合作机会:

因为通过互联网可以增加一点我的短期工作的曝光度,这是很有用的一个方法。而且现在疫情期间,网络就变得更有效,因为不可能开会了,大家不可能见面了,不就通过网络嘛,是吧?你可以通过网络做很多事情,开一些 meeting(会议)啊什么的。(穆老师)

不过对部分需要深度交流的学者而言,互联网技术还存在一定缺陷。这是由于在以互联网平台为载体的学术交流过程中,个体之间的面对面交流被技术形式取代,使得互动模式中的弱关系属性大于强关系属性,在某种程度上反而增加了个体的交流成本(王文韬、张俊婷、李晶等,2020),如本书中的一位受访教师所述:

以前你至少一年可能出去一次,跟这些人讨论讨论,聊一聊。那现在就不太行了嘛……线上我感觉效率是很差的,除非专门去线上开个会,但总是感觉不习惯……也很少有这种单独的机会,像线下开会那样,碰到人可以聊一聊。线上的话,你除非单独去跟他连个线,感觉这样好像也不是很习惯。(倪老师)

从中可以看出,互联网技术传播的更像是信息,而非知识,与知识深层理解有关的缄默知识仍然离不开面对面的交流和互动(Waters & Leung,2017)。

综上,学术交流关系会对个体的科研活动有影响,而且这类交流更多地以思想碰撞和缄默知识的方式内化,与可见的科研合作关系相辅相成,共同为个体积累学术网络资本、提升科研生产力发挥积极作用。

第三节　高校青年人才科研生产力共同体层面的影响因素

纵观现代大学的发展历史,其创立与发展都受到西方文艺复兴、资产阶级革命、工业革命的深刻影响,呈现出一种从宗教组织到行会组织再到学术组织的演变路径。其中,由工业化带来的生产方式的变革使得现代大学成为工业化分工的杰出产物,而学科则是大学为了应对社会新需求而产生的内部分工的结果(张红霞,2020)。作为一种以高深知识为中心,以育人为己任的组织,大学的组织特性与其他组织有着明显区别。正如伯顿·克拉克(1998)所言:"当我们把目光投向高等教育的'生产车间'时,我们所看到的是一群群研究一门门知识的专业学者。"由这些专业学者所构成的学科场域又逐渐形成了具有"学术部落"特征的学术共同体(托尼·比彻、保罗·特罗勒尔,2015),使得大学成为具有强学科属性,并承担知识生产与人才培育职能的特殊组织。对于学术职业而言,个体既是归属于某一学科领域的学术人,又是隶属于具体学术组织的组织人,双重身份为其科研生产带来了复合影响。一方面,个体开展科研活动离不开组织的各类支持,包括人、财、物等显性资源支持以及组织文化、合作氛围等隐性支持;另一方面,个体多年来在其专门领域所接受的学术训练自始至终影响其科研习惯,例如科研思维搭建、研究方向选择、研究范式内化等,学科在很大程度上同样是学术职业个体安身立命之所在。根据已有研究,学者们常将组织与学科作为影响学术职业发展的两类关键共同体(Nistor,Daxecker,Stanciu,et al.,2015;Sutherland,2017)。因此,本书结合访谈资料,进一步提升分析层次,从组织和学科层面探讨影响青年引进人才科研生产力的因素。

一、组织因素

(一)组织支持

从知识社会学的角度看,一个学科要得到发展,必须有两个前提条件:一个是人的问题,一个是经费问题(周光礼、武建鑫,2016)。在科研生产活动中,组织支持包含为提高个体科研能力而提供的所有资源(Rhoades,2001)。组织支持作为社会支持理论在组织中的具体变现,可以分为工具性、情感性以及信息性支持(Cohen & Syme,1985;方阳春,2013)。对一般科研人员而言,能否申请到研究课题和足够的科研经费是个体回国后科学研究起步和顺利推进的重要影响因素(陈昌贵、高兰英、楼晓玲,2000)。在本书中,青年引进人才的头衔使得组织为他们提供了充足的科研经费,十分有助于其顺利度过科研起步阶段:

我觉得最重要的还是经济方面的支持吧。没有经费前提的话，实验室是不可能建起来的，全靠人才政策的钱，然后加学校给的钱，再加上部分院系给的钱，才能够把实验室建起来，没有这个钱的话是完全搭不起来的。没有头衔的话，估计也不会有这些钱。所以这个是最主要的，特别是很花钱的那种实验方向，需要第一桶金才能够把实验室建起来。没有实验室建起来的话，我想我也干不了什么事情是吧？我也不是做理论的是吧？所以我想这个是最重要的。（薛老师）

这不仅能够在物质层面为青年引进人才的科研生产活动带来帮助，而且有助于个体真正发挥项目负责人（principal investigator，以下简称为 PI）的身份优势，选择自身感兴趣的研究方向或领域，进一步提升科研生产的主动性与自由度（Feeney & Welch，2014）：

人才计划的启动经费，对我个人科研方向的转变还是非常重要的。我个人在 2014 年回国之前，主要是做理论和模拟，回国之后因为有这样一个平台和经费的支持，可以买仪器，可以建实验室……所以我科研方向上就转过来了，到目前为止，我可以说 90％都是在做实验。（罗老师）

因为有了人才计划带的资源，其实自由度还是大很多的，可以去尝试自己想干的事情，当然想尝试独特的方向的话，首先得脑子里有货……人才计划是给了资源，起点很高，学校又给了其他资源……这个研究“土壤”也还可以。（俞老师）

从中可以看出，科研经费是从事科研生产的基础要素，拥有充足的经费意味着个体能够购买先进的科研仪器、搭建可行的研究空间、组建初步的研究团队。对本书的受访教师而言，学校不仅提供了配比人才计划的科研经费，而且提供了诸如招生名额保障、实验空间分配等具体支持，使得组织支持涵盖了包括人、财、物在内的有形资源，帮助个体更为顺利地开展科研活动。与此同时，学校同样提供了其他形式的个性化支持，如一位受访教师的经历：

我到×大待了可能不到一年，就跟学校提申请，说我想去欧洲完成玛丽居里学者的访学，学校同意了，我把两年时间缩短为一年，因为直接走两年不可能，现在是 PI 了嘛，就以×大的名义，然后又去了××大学，那个名校排名 30 多，做了一年玛丽居里学者，学了一些量子技术回来了。

(穆老师)

上述支持在一定程度上体现出组织对个体发展的关怀,使得个体能够在身份转换初期就能利用较长时间的学术假期扩展学术网络,提升科研水平。当此类个性化和灵活化的组织支持成为一种常态时,个体能够在更大程度上感受到组织提供的多层次、多维度支持,更有助于激励个体的积极工作态度和行为,进而促进个体科研生产力的提升。不过,虽然组织提供了上述资源支持,但在具体操作层面依然会遇到问题,其中尤以招生名额的紧缺最为突出:

其实保证什么都写在合同里面,对吧?那合同能不能落实?你知道很多合同上面都写了一年招一个博士生……我们系里面是这种情况,学生不是指派给你的,而是自由竞争。(俞老师)

学生是一个非常稀缺的资源,因为现在博士名额都很少,老师却很多,我们老师和博士生的比例大概是 1∶0.5,也就是老师两年才能招 1 个博士,一年只有 0.5 个……其实博士普遍都不够用……现在面临最大的问题就是学生,尤其是博士,硕士还好,基本上每年都可以招到,但是博士就有困难……博后也不是特别好招……虽然一直都在招,但是我只招到了 1 个,名额倒是不限制。(祁老师)

本书的受访教师所在的是国内顶尖研究型大学,科研人才聚集使得个体招生面临较大的竞争,而组织所提供的招生名额支持一般只在任职初期生效,随着时间的推移,个体的招生形势将愈发艰难。正如一位受访教师所言:

我也是差不多前三年受保护,后边的话基本上是差不多三年 1 个博士。然后硕士的话,差不多三年 2 个硕士……学生前面因为受保护才多的,后边我就少了呀,从今年就开始少了,我三年才能招 1 个博士,后面我基本上就是四五个学生,这样一个规模……所以现在也没人,帮不到啥。(车老师)

后续招生的制约,导致这位教师的研究团队规模受限,进而制约其科研进展和学术职业发展:

我们后边发展肯定还是会有影响……我觉得×大的思路有可能就是这样,因为他想学国外嘛,一个老师最好是带比如说两三个博后,带几个博士生，带几个硕士，这样一个小的团队。但是在中国的话，这样的小团队实际上运作是比较困难的，就是按现在的这个体制来说，不管看哪一方面的成果，文章啊，还是报奖啊，都比较困难。因为人家团队人多，这些就容易多了，你自己一个小团队，怎么去比。（车老师）

从中可以看出，受制于研究生招生名额的限制，学校层面对个体的招生支持难以持续进行，不利于个体后续的学术团队建设，会对作为 PI 的青年人才个体的发展产生较为明显的负面效应。此外，在组织人力支持方面，已有研究发现包括行政人员与技术人员在内的科研辅助型人员也是影响科研生产力的重要因素（McGill & Settle，2012；哈巍、于佳鑫，2019；李猛力、徐建辉、王璐等，2011）。这在本书中也有所提及：

其实人才计划的启动资源对实验学科来说，大多数只能让我们完成自己的小平台建设，就是比较简单的、基础的，能让我的工作做起来，但是要做深入，其实还是远远不够的。这里面可能也不完全是钱的问题，还需要一些很专业的技术人员的投入。如果涉及一些实验，特别是设备方面的深入工作，要有一些专人去做，也需要花比较长的时间。（谈老师）

不过，正如有学者指出，制约我国科研产出质量的一个重要原因是我国科研一直存在重物轻人、不注重人的价值的现象（哈巍、于佳鑫，2019）。本书的受访教师也认为高校在技术人员方面提供的支持十分不足：

比如说要搞一个东西，（博后期间的课题组）里面有很多专业技术人员，做电路的、做机械的、做各种各样的，两三天就搞定，然后我们试一下对不对……那如果换一个我们学校的这种组，没有那些专业的技术员，可能是要想好多办法来试，然后不成功，时间就很长，效率没他们（专业技术人员）高，他们可以很快做出来。（倪老师）

主要障碍，我个人觉得至少对于我们的研究来说，还是缺工程师，我们每一个产品，或者每一个技术要到应用阶段的话，需要工程师帮我们推出去。推出去一方面指的是我们的技术优化，另外一方面就是因为我们做的东西不是拿来就能用的，还有一些功能上的问题需要去解决，就比如说芯片。但这些东西呢，并不是一个创新的东西，这些都是比较成熟的事情，比如信息采集、把芯片做小，这都是成熟的东西，工程师能做

这些事情，但是咱们学校老师是没有精力做这个事儿的，对吧？（罗老师）

一方面，专业技术人员的数量还处于相对缺乏的水平，难以充分满足科研人员在技术操作层面的需要，甚至出现因技术问题影响科研质量的现象。“我们现在就只能去淘宝上找人弄，但是这个可靠性有时候就不好呀。”（倪老师）另一方面，专业技术人员本身的能力和态度也存在一定的问题，使之不能很好地辅助科研过程，同样会影响科研生产效率：

> 其实国内现在很有钱，仪器设备是很好的，但是仪器设备的运转效率上，我觉得至少不如我当时在国外经历过的几个科研机构吧，尤其当时德国××所那边，他们研究所的仪器设备运转得很好，就是靠他们技术人员的支持，技术人员的专业度很高。国内的话，很多技术人员是本科学位、硕士学位，因为国内的很多技术人员没有教授那么高的待遇，就是一个技工的待遇，所以不可能指望技术人员是一个多高水平的技术人员，对仪器的专业度能有多高，他根本就不是从科研人员出发去考虑、去考核，他没有什么科研任务。所以在仪器设备的运转上，我经常觉得国内给人的感觉是只要仪器不坏，技术人员就完成任务了，而我在国外经历的很多技术人员的理念是“如果我的仪器能为你解决科学的问题，我很开心”，国内的技术人员不关心。（景老师）

从中可以看出，以专业技术人员、工程师等为代表的科研辅助人员队伍建设还需要进一步完善。对于这一问题，国家已发布了相应的政策文件。如2018年1月，《国务院关于全面加强基础科学研究的若干意见》提出稳定高水平实验技术人才队伍，优化科研队伍结构。未来还须从科研队伍辅助人员的总体数量、相对比例以及内部结构等多方面进行系统规划（哈巍、于佳鑫，2019），并将之落实于组织层面，以便更好地发挥科研生产过程中组织支持的积极效应。

（二）组织声誉

对组织而言，声誉是一种有价值、可持续且难以模仿的无形资产与稀有资源（Lange，Lee，Dai，2011），声誉建构已逐渐成为非营利组织实现战略性竞争优势的有力武器，对于组织未来生存和发展具有重要的战略性价值（张冉，2014）。大学作为高深知识生产、传播与保存的公共组织，一直在知识创新领域享有崇高声誉。随着科学技术的迅猛发展，那些拥有悠久办学历史、培养了一大批顶尖科技人才的研究型大学更是其中的佼佼者。在科研活动中，已有研究发现学校或院系拥有的学术声誉与个体的科研产出是一种相互影响的关系。一方面，个体科研产出的质与量是衡量组织总体科研水平的基础，而组织的总体科研水平则是其建构学术声誉的核心因素（Jorgensen & Hanssen，2018）；另一方面，组织的学术声誉也能为个体提供更加丰富的科研资源，其中既包括有形的物质和人力资源，也包括无形的文化与氛围，这对于个体提升科研效能感、增强科研生产力而言同样至关重要（Allison & Long，1990；Porter & Toutkoushian，2006）。总之，组织声誉与个体科研生产力之间大体呈现正向关系（Long & McGinnis，1981），组织声誉对个体科研产出的促进作用在本书中同样有所体现：

像学校层面，你的平台好的话，机会还是很多，如果你想做一些事情，还是能够接触到各方面的一些资源……像我们最近做一些规划之类的，也需要跟政府部门打交道的，对吧？比如说我们最近想建一些什么平台啊，就会跟省科技厅、经信局这些部门接触，做一些政策的调研，这肯定会有的嘛……还会跟一些大的企业打交道，就是学界、政界和商界融合。有些事情是需要这几个领域的人一起做，你在一个更高的平台，接触到的资源可能会更多，如果你想做事情，你会有更好的机会去把这个事情给做起来。（谈老师）

由此可见，学校所代表的平台能够为青年引进人才从事科研活动带来更多机遇，也在一定程度上说明引进人才个体具备将组织声誉转化为科研资源的能力。此外，当个体身处拥有崇高学术声誉的组织中时，其受到的浸润和熏陶将对学术职业发展大有裨益。而在本书中，有几位受访者认为组织或团队的领导者自身的能力和素养是影响组织或团队声誉的重要因素，会对个体发展有深远的影响：

团队建设里面，很重要的是这个团队的领导，他有没有领袖的气质，有没有战略科学家的气质？如果他有的话，他当然可以把个人的创造力发挥出来，然后他的团队整体来讲自然会走得比较好，团队里面的每个个体，在自己那个小方向上面，都会崭露头角，都会脱颖而出，那自然在国家层面也会上去。但我们现在的情况就是说，你有没有去一个合适你自己的team(团队)？许多人并没有去合适自己的地方。其实你在毕业的时候，也着急找一个工作，觉得能去一个好的学校，已经很好了，通常人就是这种想法。但其实还是要选一下，因为又不是说你就活在那几年就完了，你后面还不知道有多长时间要走。反正人家问我，我就经常说这些。比如说你去一个有战略格局的地方，那对你的个人发展肯定是非常好的。如果不是的话，你还不如自己单干。(俞老师)

根据已有研究，领导力特质是建构科研生产力模型的关键组成部分，领导者的角色倾向、管理模式、发展思维等都会影响科研生产的组织环境，有效领导会带来有利的科研环境(Bland, Center, Finstad, et al., 2005)。例如院系层面的学术领导可以运用变革型领导的相关策略，采用魅力影响、愿景鼓励、智力激发和个性关怀等形式激发个体的积极科研态度和行为(Huang, Liu, Huang, 2021)。正如这位受访教师所言，组织和团队领导者的"战略眼光"同样是影响学术平台声誉，促进个体后续发展的保障之一。从中可以看出，在当下的学术组织中，领导者在营造组织声誉的同时也在持续发挥领导力特质对团队个体科研生产力的影响(Lewis, 1998)。此外，学术领导者往往极富科学盛名，会与组织声誉共同形成集聚效应，吸引初入学术场域的青年人才加入团队。对青年人才个体而言，跟随富有学术声誉的领导者，是平稳度过学术职业初期的有力保障：

我回国过程比较麻烦，我一开始去的不是×大，我回国的时候在×大干了一年，方向也好、资源也好，都不合适。来×大以后首先选了新团队，×××教授的团队，×老师对我很好，也给了资源，这几年也拿到了一些项目，做出了一些成果，但是希望能有更多机会，正好我们那边×××院士要做跟我完全一致的发展方向，那么我现在又加入×院士团队。虽然团队也在变化，但是我还是要选团队的，首先选方向一样的，其次看这个团队有没有足够的平台和资源来支持。(戚老师)

正如这位受访教师所述，跟随拥有更高学术声誉的学者并加入相应的团队，能够为个体后续研究的开展提供更多的资源支持，而有着诸如院士这种顶级人才头衔的团队领导者更加能够通过自身极高的学术声誉为团队成员带来丰富的学术支持，这在一定程度上也体现出学术声誉会通过领导者自身的特质扩散到整个团队或组织中，以此影响青年人才个体参与科研活动的态度和行为。而对于那些在选择领导和团队的过程中遭遇挫折的个体而言，其科研道路或将更加曲折，本书中的一位受访教师对此深有所感：

> 虽然这两年有些成果，其实产出也很一般，情况也不能说太好，只能说凑合吧，现在。就是跟人家比不来，因为跟我同期来的有两个，他们本身都是这边（×大）出去然后回来的，就有优势了。所以相对来说他们发展就要好很多……他们就回到原来的硕士导师，或者是他们原来老板的团队。我现在跟的（老板）当时也不是很了解，因为我也不熟悉嘛。还有我们这边资源比较少，本身的资源少，相对来说就只能是覆盖到（老板）自己想覆盖的一两个人嘛，其他人就没法管。虽然说名义上加入了团队，但是实际上就是我自己，这个没办法。而且方向也不一样，他也没法给我介绍，就是说我出去跑的时候，自己跑就很难，没人介绍就很麻烦，他做的方向和我的不一样。（车老师）

和上一位受访教师相反，这位受访教师在研究方向上与团队不一致，且未充分了解组织内部的学缘关系以及团队领导，使自身成为团队中的“边缘人”，导致科研生产处于双重不利地位。一方面，其团队领导者能够为团队整体吸引和争取到的科研资源相对有限，无法实现资源支持的“全覆盖”；另一方面，由于不存在学缘关系以及研究方向不一致，导致受访教师难以通过团队扩展学术网络和积累社会资本，甚至产生一种和团队之间的割裂感。从中可以看出，这种资源和资本的双重不利影响都会令个体难以实现科研生产的大突破，更有甚者会消磨个体的科研效能感，对科研心态造成进一步的损耗。

此外，组织拥有的学术声誉对个体的学术流动和职业发展都会产生较大的影响。已有研究发现个体科研生产力与进入具备声誉优势的学术部门或组织任职具有显著的相关性（Cole & Cole，1967；Crane，1965），且作用对于那些从低学术声誉组织向高学术声誉组织流动的学术职业个体更加突出（Brown，1967）。不过在大多数情况下，学术职业流动的主要方向是从高声誉组织流向低声誉组织，主流观点倾向于认为高声誉组织对于个体学术职位获得和流动的影响更大（刘进、沈红，2015），个体能够凭借高组织声誉更顺畅地流向其他层级声誉的学术组织。从表面上看，此种流动属于“向下流动”，与组织声誉关联的个体声誉会有所下降，但根据高等教育的“中心—边缘”理论，学术边缘可以通过各种手段吸引一定的学术人才回流，并利用后发效应进一步扩大这些群体从学术中心带来的优势资源和理念，以此加速缩小两者之间的差距。对于学术职业个体而言，同样能够利用后发优势，推进个体声誉和组织声誉的共同提升，正如一位受访教师所认为的：

> 只要MIT、哈佛给世界上任何年轻的科学家发offer(录用信)的话，一般人都是很难拒绝的，为什么？因为你去MIT或哈佛，就算以后要走，你也不担心啊，说明你已经很厉害了，是吧？可以到很多地方，而且MIT、哈佛那里，首先他们的学生非常好，每个人都是精英，是吧？其次他们的平台很好，拿很多经费，各方面都很好，是吧？所以只要到那里去，你总可以做出很不错的东西，就算MIT、哈佛不能留下来，你后续照样可以搞起来，对吧？(薛老师)

根据优势积累理论，个体在高声誉组织学习和工作中累积的学术经验和资源都能够在流动过程中进行迁移，为后续开展科研工作打好基础。而且就本书中的青年引进人才而言，引进该群体的研究型大学绝大多数位于我国高等教育金字塔的塔尖，如果基于办学规模、办学经费、学术声誉、科研水平、生源素质等方面进行考量，那么此类群体的流动方向与其说是从中心向边缘流动，毋宁说是由中心向次中心流动，这种高声誉与次高声誉的融汇无疑将更加有利于个体提升科研效率和质量。对于本书中的受访教师而言，组织声誉能够在一定程度上作为中介桥梁，帮助实现个体声誉与国际声誉之间的融通，并使之在科研工作中拥有巨大优势，进而形成较高的科研生产力。

二、学科因素

(一)学科内在属性

学者作为知识生产与传播的最重要主体，其学术职业生涯发展的根基深植于学科之中，学科的内在属性决定了学者个体和学术共同体的知识探索模式。一般而言，学科的内在属性分为两个层次。第一个层次是学科本身的认知特征，即形成该学科的知识所具有的基础属性，如学科知识的积累和发展过程是以线性为主还是以反复性为主，学科知识的结构是具备核心凝聚力的晶状还是灵活变动的网状，学科研究范式是注重普遍性与简洁性还是更偏向特殊性与复杂性，学科价值观是否受研究主体价值判断的影响等等。根据此类层次的标准进行区分，可将学科分为硬科学、软科学、应用科学等。学科内在属性的第二个层次是学科内部群体的社会特征，即对应的学术共同体所共同享有的价值观、文化、态度和行为方式，如以共同体内部的研究成员与研究问题的比率高低进行分类，可将学科分为都市型和松散型，而以共同体内部成员的联系程度进行分类，则可将学科分为趋同型和趋异型。已有学者对学科属性及其形成的知识探索文化进行了详细的论述与分析，发现学科属性对于学术职业个体的学术生活会产生方方面面的影响(Becher & Trowler，2001)，而学术共同体的科研生产模式及个体的科研生产力也毫无疑问与学科属性密切相关。

当下，随着我国高等教育"双一流"建设的持续推进，一流学科已成为建设一流大学的基础(周光礼、武建鑫，2016)，而建设一流学科的基础正是正视和重视不同学科的内在属性，根据学科属性开展科研与育人活动。本书中受访的青年引进人才均来自一流大学中的自然科学学科与工程科学学科，在科研生产方面具有一定的趋同性，但不同学科属性及其内部研究方向的诸多差异，使得本书中受访教师体现出的科研生产力也各有差异。一般而言，从事自然科学基础研究方向的个体需要更为深厚的理论功底与相对更长的研究周期，在科研产出的质与量方面具有一定的矛盾性，正如一位受访教师所言：

因为我是做纯理论的，我不做实验，其实呢有好处也有不好，好处就是不用买什么设备，也不用很大的空间，我只需要买计算机，对吧？但是不好的地方，就是可能同样的工作，我可能发不了什么好的刊物，人家发子刊，我很困难，因为是纯理论嘛。好处是竞争少，因为我做的门槛很高，需要编程序，需要数学，需要物理，别人做不了……可能那些领域都很拥挤，虽然发的文章很好，但是门槛太高了，发子刊也没用，因为大家都发子刊。就这意思，水涨船高，关键还是做自己的特色，建设自己的兴趣，像我就是不善于做实验，我就善于推导，然后编程，做模型。(穆老师)

从中可以看出，若个体想要在研究问题和研究领域较为确定的基础性学科中脱颖而出，十分需要增强自身的综合学术素养，以求进一步提升其在科研生产活动中的不可替代性。然而在目前的科研评价制度下，管理主义和绩效主义的渗透使得基础学科的科研活动面临较为严峻的困境，例如科研资源的获取在目前已成为基础学科及其研究难以回避的问题：

资金的限制是最大的一块，比如说咱们在国外找工作的话，也看你具体是做理论还是做实验，一看你是做理论的，那么给的钱就少，按照做理论的给你，做实验的话，人家就按照做实验的给你。我做理论的，去要那么大的资金是要不来的，所以最终导致资金的限制成了一个非常重大的问题。（罗老师）

而且基础与应用之间的矛盾在学科内部同样存在，表现为不同的研究方向所带来的科研评价呈现两极分化的趋势，导致科研发表的质和量与其对科技工作实践产生的影响之间陷入一种互相拉扯的境地。如一位受访教师认为：

研究的话，毕竟还是做得好的这些人，肯定是一般发展得更好的。但是确实有很多的方向，有很多的研究，他需要发那些不很好的文章，对不对？这些人往往做得很好，但不一定能发好的文章……也许这个问题材料系那边更加明显一些，因为材料系给我的感觉是他们可能会出现两极分化：做那种卡脖子的材料研究，比如发动机机翼啊这类研究，就完全可能发不出特别好的文章，但是也有一些特别火的，比如纳米材料这些东西，也许能发很好的文章。这两类研究的影响因子也许差一个数量级，但两类工作的实际价值可能是反过来的。（薛老师）

在知识生产模式Ⅱ时代，高校已经失去了知识生产的垄断者地位，可能进行知识创造的场所大大增加，知识生产从高校“溢出”到政府专业部门、企业实验室、咨询机构等（迈克尔·吉本斯、卡米耶·利摩日、黑尔佳·诺沃提尼等，2011）。因此对于从事工程科学学科或应用型研究方向的受访者而言，其与学术场域外部的企业或产业合作是进行科研活动的重要模式。本书中的一位受访教师不仅与产业界合作，也拥有自己的企业，对其科研生产的应用和转化起到了很大的帮助，但是这位受访教师同样也指出了科研与产业界之间存在尚难跨越的沟壑：

我们有很多的企业，我自己也有企业，我在××地有一个企业，我们也有一些产业做得非常好，但是跟我现在的研究还是有一些 gap（差距）。因为我也做了企业，我大概知道企业的角度就是赚钱，就是先生存下去，所以它并不见得要做很高精尖的东西。比如说我们现在做的一个工作叫××××，但是那个东西其实是不可能卖起来的，最多也就是在××

方面，或者是在×××方面会有一些应用，那也只是很基础的应用，而且这绝对不是我一个团队可以完成的，一定要去找很多做器件方面的产业去合作，这是有前途的，但是不赚钱。我们赚钱的东西只是把我们做的××材料修饰一下，用于一些别人没有用过的地方，比如说润滑剂、化妆品添加剂、饲料添加剂，而这些其实在学术上很简单。（赵老师）

上述观点也说明，对于科研工作者而言，由于学术界与产业界在根本诉求上存在巨大差异，个体与产业界的合作并不一定能够帮助个体产出更多的、可见的科研成果，以应用价值为主的学科或研究方向同样会在科研产出中遭遇挑战：

一些很偏基础的研究，做得比较好的话，文章可能会发得好一些，那些偏工程的文章就会差一些。这个东西其实有很多因素吧，我觉得各方面的因素，就看你……其实怎么说呢，现在要求做顶天立地的研究嘛，既要顶天的又要立地的，按我们的经验，就我们了解到的，基本上都是顶天的那就是纯粹做基础的，也不要去考虑一定要应用之类的，当然有潜在的应用价值啊，但距离应用其实是很远很远。（姜老师）

在科研成果依旧以论文发表为主要评价标准的当下，基础科学学科或方向的科研生产模式往往需要以同行评议为核心的可见发表作为体现形式，具有科研产出方面的相对优势，便出现了上述受访者所认为的情形。正如一位从事医学研究的受访教师所言：

我不做临床，我是做基础方向的，主要就是做科研，然后发文章……虽然我依托的主单位是×医院，但我是全职做基础研究的。（迟老师）

基础学科或方向也并非在科研发表中无往不利，如下个案教师的研究方向需要较长的周期，并且其秉持追求高端质量而非数量的学术发表理念，使其在聘期前3年尚未获得正式发表的科研产出：

在美国斯坦福大学的实验室，发表一篇 *Nature* 主刊，或者说主要的子刊，平均时间是4～6年。也就是说我整个聘用期，如果只做一项工作的话，基本上就一篇左右，对吧？能攒到这样的。所以发好文章的话是很不容易的。（迟老师）

面对考核，个案教师坦承：

> 我压力好大。每年的考核都是0，什么都没有……比如说学校中期考核，我们和做材料的一块考核，材料那边一下几篇、十几篇呢，我们什么都没有。（迟老师）

上述个案教师充分表达了学科属性对自身科研产出的影响，在既有学科属性和科研方向上，寻找新突破已成为本书中数位受访教师提升科研生产力的重要抓手。部分受访教师已经意识到跨越学科边界对科研生产活动的重要意义，或多或少会对其科研生产方式产生影响：

> 比如说半导体领域，实际上不只是需要做材料的人，还需要做物理的，做化学的，也需要其他方向的人，每个方向的人都有不同的优势。比如说做物理的人很多时候会去想方法，结合现在的东西做一些更高level（层次）的、概念上的一些突破，比如说方法上的突破。在细节方面，当我们要解决一些细节问题的时候，可能需要做化学的人，做材料的人。实际上每个工艺结合起来，才能够成功去做某些东西，对吧？所以很多领域实际上是非常非常大的，不是只有一个方向。……未来学生培养非常非常关键的一点，就是怎么样进行交叉培养。还包括研究方面的交叉研究，怎么样基于重要的科学问题或者说技术问题，结合不同的人，不同方向的人，去共同攻关，这方面很重要。（薛老师）
>
> 从长远上看，我希望现在做的能有突破。因为我们做的东西其实算是基础应用研究，就是可能偏基础，但也可能会有一些应用场景。对于一个理工科的人，其实最后的理想，还是希望自己研究的这些东西，要么拓展了人类的知识边界，要么就是对社会有一些应用和改善。从我自己的角度来看，我会更希望能够看到自己的研究成果可能会给社会生活、业界带来一些影响，但我觉得这是挺难的一个事情。（谈老师）

可以看出跨越学科边界、融合多元方向的人才的观点及其对于科研生产和科研成果转化的重要性已经被一些受访教师逐渐内化为个体的学术理念。此外，也有部分受访教师会主动寻求跨学科合作，提升科研产出的质与量。不过在本书的个案高校中，跨学科合作还停留在受访教师自发采取行动的阶段，虽然学校组织并建设了一些跨学科或交叉学科的平台与项目，但在施行过程中往往会受到学科之外的其他因素影响，导致跨学科层面的交流、合作以及人才培养难以实现制度化和常态化：

> 我个人觉得学校政策的出发点绝对是好的，但是在做法上绝对没有效果。学校想支持交叉，最后发现交叉领域根本就没起来啊。对交叉领域来说，持续给招生名额，你想想，过三五年，20、30、40 个交叉领域的博士培养出来，那这个领域就会有影响力。可是现在招生名额就是大锅饭去撒……每个老师还是各做各的，所以起不到任何的效果。（罗老师）

相较单一学科，跨学科研究需要更多的人力、物力和财力，需要在资源分配上予以一定的倾斜。但是在科研活动组织化和制度化已十分成熟的当下，不同学科之间对于资源的争夺愈发激烈，这使得跨学科研究不仅需要与其他单一学科的研究主体争夺科研资源，还需要协调跨学科研究内部各学科及方向的资源分配问题，进一步加大了跨学科研究制度化的难度。加之我国高校有行政化管理强势的传统，行政力量常与学术力量相互拉扯，产生矛盾。上述受访教师的情况也反映出在个案高校中，行政力量对于跨学科制度的发展产生了负面作用。而且管理主义在科研中的渗透也使得部分受访教师需要在学科或方向方面进行妥协，转向产出速度更快或成果可见程度更高的科研模式：

> 比如说我们现在也是要做一些妥协嘛，以前的话，我们这块有一个相对比较快的方向，就是做×××的晶体结构……我现在就觉得，既然能做这么快，我是不是要找找合作了，来做一下我们领域这些关键×××的晶体结构，这样的话产出可能会好一点……我只能说这个领域相比别的领域，发文章确实要快一些。（迟老师）
>
> 所以我就让我的学生，一个工程硕士……去帮我在企业负责一些具体的事情，有难点的话，我们再拿回来，在我的实验室里去做，这都问题不大，我觉得都是相通的。各个方面应该都差不多，包括学术。我杰青答辩了两次，第一次之后就会有针对性地去考虑我应该向哪个方向倾斜，我应该在哪里做一些有显示度的东西，然后有针对性地去补短板，不然别人就不会认可。这个不存在不平衡的事情，只是要取舍。（赵老师）

与此同时，也有受访教师因学科方向自身的特殊性问题而面临难以扩展跨学科合作网络的困境，使之在科研过程中产生一定的负面感知：

> 交叉我是确实找过的，我当时在想能不能跟医学、化学结合，我都找过好几次的，但是总体感觉他们对我们这个方向还不是特别感兴趣。我们做的这个事情因为跟农业有关，然后可能人家本身就已经在做的研究、发表的文章级别也不低，然后做我这个方向的时候，他们觉得这个也并没有多特别。当然我要是能跟××××这种研究结合起来可能好一点，但是我本身又做不了这种……因为这个核心东西是他们的，对不对？当然这个也没问题，但是后来就感觉合作时，一听说我要发文章，因为他们对文章不感兴趣，他们没有需求，他们随便发发就好了，刊物等级也很高了，所以聊的时候一听说我对文章产出有兴趣，他们就觉得好像没什么意思。这个问题就出来了。当然在学部里面有时候我们跟环资会稍微合作一点，因为他们发表文章也有困难。然后我们和动科也有合作，他们文章的刊物等级也不是特别高。（车老师）

上述“抱团取暖”的情况虽然在一定程度上能缓解个体教师的科研产出困难，但长远来看不利于学科领域知识边界的扩展以及相应产业的技术进步。因此，学术界、产业界与政府需要进一步破除边界壁垒，加强沟通与合作，切实推进知识、科技和产业创新（Etzkowitz & Leydesdorff，2000）。据此，在后续科研评价体系改革的进程中，相关利益主体需要在坚持“破五唯”的基础上实现科研评价多元化，在尊重学科特有属性的同时，对不同学科、领域及研究方向的科研成果实行个性化评价，除了论文、专利等成果以外，还应注重对科研服务人才培养、学科建设、开发创新等综合效益的评价，为教师的科研活动创造一个质量导向、信任为主、宽松评价的支持性环境（姚源、郭卉，2020）。不仅有利于教师个体更加顺利地开展科研活动，还能够为我国深化“双一流”建设、促进一流学科发展提供助益。

（二）学科组织属性

学科是高校组织的细胞，高校无论产出何种产品，履行何种职能，都要通过学科并在学科中完成。从学科的组织层面出发，学科在我国不只是认识的领域和知识的分类，还对应高校的院系设置、岗位编制、资源分配等，作为社会建制、资源利益意义上的实体单位，学科以及建诸其上的院系是高校的基本组织单位和履行高校各种职能的基本平台（刘小强、蒋喜锋，2020）。在宏观层面，学科是超越单独学术组织的学术社群网络，是无形学院与学术共同体的依托，具备成为组织的基础属性；在微观层面，学科不仅需要依靠各学术组织以获取实际资源，其自身的发展形态与结构也日益趋向组织化，成为学术场域中独有的一类组织模式。总之，学科将处于发展和演变过程中的知识体系基于某些共性特征进行分类，一方面呈现出了制度、权力、社会建构等外部"组织"逻辑社会性延伸的"他组织"力量，另一方面呈现出了学科内部的"知识"生产逻辑和内涵式发展的"自组织"力量，在双重属性的共同作用下完成了学科发展逻辑的生成与更新（闫涛、曹明福、刘玉靖，2021）。加之学科知识生产常常在由学者组成的组织中进行，因此产生了学科知识的外在组织建制，例如大学讲席、学部、院、系、研究院（所）等（张德祥、王晓玲，2019）。结合我国高等教育自上而下的传统管理体制，学科建制已具有极强的组织属性。对于学术职业而言，忠于学科的同时也需要忠于组织，学科的组织属性已成为影响科研活动开展流程和模式的重要因素。

回观新中国高等教育的发展历史，由于新中国成立初期对我国高等院校进行的拆分、合并、重组等一系列调整，使得我国各级各类院校的学科或行业特色大为增强，各类学科的组织建制也因此产生了巨大差异，同一学科在不同高校的发展程度可谓天差地别。虽然本书选择的个案高校均为综合性研究型大学，学科门类涵盖齐全，学科组织建制完善，拥有包括学部、专门学院（系）、研究院（所）在内的完整学科组织架构，但纵观其发展历史，个案院校都曾在很长一段时期内被定位为以工程科学学科为主的高校，使得相关学科在校内一直拥有强势地位，能够为受访教师开展科研活动提供有力支持：

> 我们学科在全国算是比较强的。但是我们这种比较强要怎么说呢，如果说搞大项目，从人才这个角度来看的话，我们学科实力是很强的……所以其实一个人想做大，想在×大这里站住脚，好多时候我们已经拿到很多资源，拿到这些资源以后就老老实实地做，我觉得"老老实实"这几个字比较重要，其他的其实没有那么重要。（俞老师）

上述受访教师所在的院系及其学科在×大历史悠久，新中国成立之前已有多位著名学者在此毕业或执教。20 世纪 50 年代，该院系所在新中国高等学校院系调整中恢复学科建制，并于 20 世纪 60 年代获得研究生招生资格，不间断地为新中国培养该学科领域的高层次人才。在 20 世纪 90 年代末的高校合并浪潮中，该院系的实力进一步增强，相关二级学科成为国家重点学科，是×大一级国家重点学科不可或缺的组成部分，也是国家“211 工程”和“985 计划”建设的重点。强势的学科地位帮助隶属于该学科组织的个体享受到更多的资源支持，使得上述受访教师产生“拿到资源以后就老老实实做”的感触。此外，也有一位受访教师认为自身所处的学科力量虽然在×大并非绝对意义上的“强势”，但“不弱”的学科实力也帮助其在个体发展过程中能够相对顺遂：

×大的强势学科是工科，是不是？××学肯定不是强势学科。我们这个方向也不强势……但是我们也不是没有可以发声的人，我们还是有，我们这个方向还是有明显优势。总体来说，虽然我们方向的（组织）体不是很大，但是我们的人，我们整个学科的人，至少是实力还不错的。×大因为是工科学校嘛，工科是最强的，但是我觉得至少在××学方向的话，我们方向还是不弱的，在全国应该还是比较强的……因为我们属于理学部，××学在理学部，我们这个方向应该还是不错的，但不能跟工科比啊，我的意思是，工科永远强势。（薛老师）

上述受访教师所属学科为自然科学学科，根据历年来各类排行榜及教育部学科评估结果，×大该学科的排名长期位列全国前 10。虽然上述受访教师认为其学科实力依然不如“永远强势”的工科，但作为理学部中重要的基础学科，围绕该学科建立的学科组织同样能够为个体学术生涯发展提供强有力的帮助，为教师个体在科研活动中寻求理解和争取资源“发声”，这对于从事基础科学的研究者而言是至关重要的支持。然而不同的学科组织之间需要展开博弈，相对弱势的学科组织将很难争取到足够的资源，进而令身处其中的个体在科研活动中面临更多的不确定性。本书中就有一位来自相对弱势学科组织的受访教师，虽然其现在已无须面对职称晋升和科研考核等压力，但其对所属学科及其组织建制的弱势地位仍有颇多感触：

就客观来说，我们这个专业在学校整体的位置是弱势的。但是如果我去行业类院校的话，他们的××学科是相当于工科的计算机、IT 这种，是很强势的。在我们学校，虽然说我靠着个人的努力发展得还行吧，但是远远不如去行业类院校。就是蛮受限的，我可以这么说。比如说给你 5 年时间，你去一些行业类院校可以做得更好，我觉得我在我们学校没有达到这个期望。（任老师）

学科地位不行，如果在行业特色型院校根本就不是这个样子。行业院校里我们学科通常会有一个单独的学院，但是在我们学校，我们学科地位属于很低下的位置，我们也没有单独一个学院，只是从属的一个系。（任老师）

这位受访教师认为其所属学科并未在×大拥有强势的组织建制，当他将以该学科为核心的行业特色型高校纳入对比后，这种反差感更为强烈，使之对自身学术职业发展产生了一定的遗憾。对受访教师个体而言，这种较为消极的主观感受与其在现实中所遭遇的学术资源缺乏困境有关，其中组织建制弱势对科研生产最为直接的负面影响即人力资源的相对不足：

上一次学科评估，我们专业的学科排名为8～10名，B+还是B我也记不清了，应该是B，B+都没有。这个学科地位说明除了那3所学校（行业特色型），比我们排在前面的至少还有5所学校。我们这个学科从总体上看，编制有限，我们专业的编制只有30人，那要怎么跟其他行业类学校比，规模之类的根本就上不去，一个人干活要顶好几个人。（任老师）

我们学科的生源，主要是二三流的行业特色型院校考过来的。说实在的，比起本校本科考进来的那些学生，素质差太远……别的学院生源比我们好，因为我们学校学科太多了，我们这个学科反而属于弱势学科，然后生源也差一点，所以带起来可能要付出更多的努力。

从中可以看出，学科组织建制差异能够对学科内部人力资源产生直接影响。就师资力量而言，学科的人力规模是其组织属性的直观体现，弱势的学科建制会通过高校人事聘任制度束缚教师招聘与晋升；就生源质量而言，学科组织建制是学科内在属性在高校组织中的外在表征，规模效应不足的学科组织会导致其生源竞争力下降，难以提高生源质量的筛选标准。上述情况表明，虽然×大拥有的学术名誉和各类资源总量都位居我国高等教育金字塔顶端，但内部学科发展的不平衡依然会对弱势学科群体的科研生产力产生负面影响。这位个案教师虽然已获得国家级人才项目头衔，且已完成职称晋升流程，并无较大的外在科研成果评价压力，但其依然认为×大××学科的弱势地位无法切实帮助自身在学科领域内建立广泛的科研影响力：

我虽然有国家级人才项目这个title（头衔），但是因为现在人才太多了，我们学科里有这种 title（头衔）的人多着呢，其实也没有什么太大的优势。在×大，我们根本就不算什么，在全国我们这个学科领域里面也不算什么。（任老师）

尽管面临学科组织建制弱势的不利因素，个案教师依然能够坚守"学科人"的身份，通过坚持不懈的努力，争取资源并发表成果。

我回国五六年，我在冠状病毒方面的研究在×大学和所在省市排名第一，这是明面上的。因为这个领域竞争很激烈，我发现那个新的冠状病毒，同时有好几个小组在竞争，别人能发 *Nature* 文章，我比他早半年出来，我最后只能发一个学科口的杂志。然后第二个成果关于冠状病毒的另一个受体，也是我最早发出来的，发的是另一个学科口顶尖杂志，但是人家能发 CNS，远远比我好多了。（任老师）

说实在的，我就是因为这两个成果，才能慢慢地进入冠状病毒这个圈子。国内我就不说了，国内外是两个不同的生态环境。我的目标就是要在国际圈子里占有一席之地，我觉得基本上已经实现了，至少可以进入这个圈子。（任老师）

我觉得主要是得成一个体系啊，我刚才说那两个成果只是突破性的东西，还有其他相关的和配套的成果。只有系统性的研究工作，才是真正做研究，才是人家承认你在这个领域里面是深挖的，不是东打一枪西打一枪……应该围绕着一个问题、一个方向，不断地发文章做下去，对吧？这样你才是真正的学者，而不是那种跟风的，对吧？（任老师）

从中可以看出，在自己选择的研究领域和方向内持续不断地深耕是个案教师成功的关键。然而个案教师再次强调×大对其所属学科和方向的支持力度不够，他所获得的成果更多来自自身对于特定研究问题的坚持：

我曾拿到一个应急项目，但是"分钱"的那些项目我一个都拿不到，都被其他学科分走了。国家自然科学基金有一个公平竞争的新冠专项，我们团队拿到了这个专项经费。这个专项全国只有 20 个，是完全靠公平竞争拿到的，我觉得已经体现了国内这个圈子对我的认可……我觉得自己还是建立了 reputation（声望），不管是国际还是国内……（任老师）

综上，学科知识生产与学科组织构建之间存在相互影响机制，学科组织的建构需要直面制度环境并不断作出回应，这使得冲突成为学科组织发展需要应对的常态环境（曹镇玺、周文辉，2020）。当学科的知识属性和组织属性产生矛盾时，两者之间的调适更多地落在组织层面，使得改变组织的结构、形态等以使之更加适应知识以及学科的发展规律成为学科组织改革的主要问题（胡建华，2020）。因此，高校管理层必须努力协调利益相关者的各方利益，在政府、市场、社会、大学、学科点和学者们的诉求中寻求体现各方利益的最大公约数（刘小强、蒋喜锋，2020），避免忽略学科内在的知识属性本质而使之过度组织化。我国当下的高等教育治理应适当走出“竞争”思维，控制学科组织分化的进程，规避学科组织分化所导致的失范现象，切实促进学科组织达成“有机团结”的理想状态（芦艳，2019），如此才能更好地发挥学科组织建制在科研生产过程中的积极效应，为学术职业科研生产力的提升营造良好的学科组织环境。

第四节　高校青年人才科研生产力制度结构层面的影响因素

制度可被认为是由人类社会中一系列规则所组成的规则体系，斯科特（Scott，2013）进一步指出，制度的概念是由“规则的”（normative）、“调控的”（regulative）和“认知的”（cognitive）三类子概念构成的一种互动过程与机制。具体而言，制度拥有的理念、所指向的价值体系以及因传统或习惯而凝结于制度之中的知识、技术和观察角度等认识性的内容都可以被包含在制度概念框架之中（王亚新，2004）。此外，根据 Giddens（1979）提出的“结构二重性理论”，宏观层面的制度结构与微观层面的制度主体之间存在二元关系，即主体行为在受到制度控制、规训和支配的同时，又在促进规则和结构的再生产，这种互动关系也为制度的概念框架增添了一种动态属性。在我国高等教育情境中，同样包含各类结构性制度，其中能对学术职业科研生产力产生直接影响的莫过于研究生教育制度与科研评价制度：前者是为科研活动选拔预备人才，培育并建构国家科技创新发展人才梯队的重要抓手；后者是保障科研生产可持续发展，优化科研资源配置以及提高科研生产率的关键决策依据（胡咏梅、段鹏阳、梁文艳，2012）。此外，为了加快内涵式发展和推进一流学科建设及创建一流大学，高等学校已成为我国人才引进与培育的主要载体，这些高层次创新人才可谓支撑我国高等教育发展与科技创新的最核心力量，如何通过科学合理的人才评价制度对人才评价标准、人才评价方法和人才评价内容进行规范性约定（萧鸣政、陈新明，2019），将成为影响人才主体从事创新活动意愿与行为的重要制度因素。结合本书的分析框架，青年引进人才个体的相关特质是影响其科研生产力的基础因素，而学术职业个体同时是嵌套在人际、组织、学科、制度、结构中的人，他们在科研活动过程中的行为、态度、价值观等不可避免会受到上述中观与宏观层次因素的影响。其中制度和结构层次是本课题中最为宏观的分析层次，长久以来对我国科研生产理念和实践造成了深刻影响。目前，我国高等教育正处于制度变革的关键期，学术职业及其科研生产活动如何在各种制度变革的间隙中变化和发展是学界和政府都应关注的问题。基于此，下文将从我国高等教育制度结构层面出发，分别以研究生教育制度、科研评价制度及人才评价制度为切入点，分析影响青年人才科研生产力的宏观层面因素。

一、研究生教育制度

研究生教育位于高等教育的顶端，肩负着培养拔尖创新人才与发展创新科学技术的重要使命。研究生教育代表高等教育的质量和水平，在高等教育中具有重要的地位和作用，是建设高等教育强国的重要组成部分，也是引领“双一流”建设向纵深发展的关键因素（周玉清、黄欢、付鸿飞，2016）。截至2019年，我国高校在校研究生数已达286万余人，博士研究生与硕士研究生在校生总数分别占比14.3%和85.7%，学术学位和专业学位在校生总数比值约为0.91∶1。[①] 目前，我国已经成为名副其实的研究生教育大国，基本形成了完备的研究生教育体系，培养了大批高层次创新人才，产出了大量高科技研究成果，国际影响力显著增强。2020年，教育部、国家发展和改革委员会和财政部联合发布的《关于加快新时代研究生教育改革发展的意见》中明确提出我国将在2035年初步建成具有中国特色的研究生教育强国。研究生教育

---

① 中华人民共和国教育部. 2019年教育统计数据：分学科研究生数（总计）[EB/OL].（2020-06-10）[2022-02-15]. http://www.moe.gov.cn/jyb_sjzl/moe_560/jytjsj_2019/qg/202006/t20200611_464779.html.

强国的本质是创新人才强国，研究生教育所肩负的高层次创新人才培养的战略性在当下全球人才竞争的格局中和现代化建设的大局中已进一步凸显（王战军、常琅，2020）。反观我国研究生教育制度的发展历程，研究生教育质量一直是各方关注的核心。而且研究生群体作为科研生产活动中不可缺少的一分子，其培养质量也是影响高校青年人才科研产出成果质量的关键因素之一。曾有学者基于比较和政策两个维度，从研究生的生源质量、学风现状、内部适应性和外部适应性对我国研究生教育质量现状进行了评价，发现我国研究生在学风、学位论文质量以及综合素质等方面表现较好；但在生源质量、学位论文水准以及研究生的总体质量等方面并没有大的提高；而在创新性、团队精神、社会责任感和动手能力等方面则表现较差（袁本涛、赵伟、王孙禺，2007）。在本书选取的个案高校中，部分受访教师同样对研究生教育颇有微词，除去前文提及的生源质量方面的问题，研究生在科研过程中偏向消极的态度和行为也不容忽视：

在校期间，我尽可能第一时间跟学生们去讨论，互通有无，我知道他们碰到了什么问题，有什么样的成果，我会给他们指明方向。现在的问题是学生很有主见，但又没有足够的知识去支撑主见。所以就会发现，你跟学生说的，他们完全不听，自己去做，做完了之后发现撞头了，回来了，那就比较麻烦。现在怎么去转变学生的思维是一个很大的问题。（赵老师）

有的学生就觉得反正在这待 3 年，拿个学位就走。他们其实对科研没有兴趣，只是来拿一个硕士毕业证，这样的学生带起来就比较难，他不会自己往前走，你要推着他走才可以……操碎了心。就像有的老师说的，他带的不是学生，带的都是“祖宗”，要管他们实验，还要管他们怎么毕业，学生自己可能不关心怎么毕业，反而老师更着急。会有这样的学生，而且还不在少数，这是很大的问题……我们要告诉学生，现在时代发展这么快，“佛系”是不行的，这么年轻就开始佛性吗？还没有到佛性的时候。所以说每个学生都不一样，现在学生带起来比较难。有的老师说宁可不招，因为经历过几个这种学生，觉得太痛苦了。（祁老师）

在研究生教育规模扩大的当下，研究生教育目标不再以培养学术职业后备力量为主，而是转向提高研究生整体素质，以便其向其他工作和职业领域转移，这点在硕士研究生的培养倾向中尤为明显，致使大部分学术型硕士研究生的学术动机并不强，学术深造比例较低，与作为博士学位过渡和准备的传统预期日渐远离（李永刚，2021）。与此同时，随着市场经济的持续发展，文凭在社会就业中的筛选效应愈加凸显，已有相当一部分数量的研究生群体并非为科研兴趣，而是为提高就业竞争力才选择攻读研究生。此外，受博士研究生教育规模增长和知识经济对高水平专业人才需求的双重影响，近年来我国高校博士毕业生的就业去向日益多元，学术职业不再是博士生教育的唯一取向（李永刚，2021）。加之学术工作的竞争性也在逐步增强，科研发表难度日渐提升，这也使得部分研究生群体产生畏难情绪，对科研敬而远之，如博士生群体中的"逃离科研"现象（娄雨、毛君，2017）。上述研究生教育的内外部情景变革都使得研究生群体对科研活动的态度发生明显变化，令受访教师产生在研究生培养方面的困惑。正如受访教师所言，无论知识储备欠缺，还是对科研不感兴趣，抑或"佛系"，都体现出当前研究生群体对自身身份定位的模糊。当这种不确定性转移到科研工作中时，将影响其参与科研的态度和意愿，进而导致消极的科研行为模式。长此以往，这种消极的科研风气或将在团队或组织中弥漫，对科研工作开展产生不利影响。当然，作为科研团队领导者，本书中的受访教师都会结合自身的受教育经历，采取相应的措施对团队中的研究生进行管理和引导，以确保团队科研工作能够顺利开展：

> 指定一个课题，然后按照美国的科研团队方式去管理，我要完全把控实验的进度，包括购买试剂、耗材之类的，这要经过我的同意……不过现在 10 个学生里面，真正值得培养的，我估计就 3 个学生左右，30%的学生是一般般的，还有 1/3～1/4 的学生就是打酱油的。我就这么客观来说，不只是我实验室，包括我们学校其他实验室也是这样，也许我观察得不一定对。所以，如果有好的实验室氛围，你可以让那些一般般的学生，至少能够在实验室成果产出方面，发挥一个提升的、增加的作用。然后那些打酱油的或者是混日子的学生，至少可以让他们稍微改善一点。所以，实验室的氛围和管理方式很重要。（任老师）

在上述观点中，受访教师认为通过管理能够在一定程度上强化科研团队的积极氛围，帮助团队中的研究生群体实现相应的改变与提升。对于高校组织和学术职业而言，人才培养始终都是其应履行的核心职能。虽然本书中的受访教师均为青年引进人才，具备强大的科研素养和学术底蕴，在日常工作中都呈现出较强的科研偏好，但在访谈过程中，所有教师都表达了自身作为“教育者”的身份认同，“教书育人”一直都是他们选择学术职业后所坚守的工作理念。其中研究生作为直接的科研参与主体，更是受访教师在人才培养过程中最为关注的群体。部分受访教师在研究生教育理念上坚持以人本为主，更加关注在科研活动过程中对研究生个体作为独立的研究者的培育：

> 对于学校来说，主要的任务还是培养学生，我需要的不是团队的螺丝钉，只去完成一个任务。团队可能会有一个大的目标，需要每个人去配合做一些事情，但更多的时候需要每个学生成为一个相对独立的研究者，我希望每个学生自己能够独立地去干一些事情，而不是像企业或者初创公司去做一个项目，那种可能就是把一个东西做出来，每个人只是一部分……我觉得说，学校层面的话，我们最后的目标还是让学生自己能够相对独立地去承担某个任务，所以对学生的要求相对来说更全面一点。但是对集体来说，这样的效率不一定是最高的，因为可能每个人都要去做一些试错和尝试，是一种学习的过程。（谈老师）
>
> 不能把学生当作流水线上的螺丝钉，那样的话你培养出来的是工人、技术员，不能培养出科学家。我们要培养出科学家，需要懂整个流水线的所有环节，不一定非得去做这块，但是必须得懂，对吧？所以我觉得培养学生就是集体和个人的一个综合。（迟老师）
>
> 我觉得作为一个毕业的博士，进入社会以后，需要的是独立思考问题、独立解决问题的能力。我觉得我们有责任，让学生有这个能力能够独立思考，独立解决问题。我经常跟我的学生说：假设你以后去一个地方，在整个单位里面，就你学历最高，你没有别人可以问，那你怎么办？你导师也帮不了你，你需要一切靠自己，那你怎么办？我目前在努力做到这一点。（迟老师）

从中可以发现，上述受访教师都十分关注对研究生自主能力的培养，希望能够通过团队科研活动发展其独立思考和自主行动的能力。在人才培养方面，受访教师秉持这种教育理念，聚焦学生个体的能力和素养，不仅能够帮助学生个体更好地投入科研活动中，提升团队的科研效能与效率，也有利于学生发展在所有职业领域通用的可迁移能力。然而也有部分教师认为，当下的科研评价制度已经在一些方面导致了研究生教育的异化，学生成长往往被科研成果导向挤压至边缘位置：

> 我比较关注学生本身的发展，我觉得这是比较重要的，因为科研固然很重要，做出成果来，这个当然是很重要的事。但科研也是为了教书育人嘛，或者更重要的是，不管是在大学、研究所，还是在任何一个机构，我们还是希望这些新人成长出来，有能力去解决更多的科学问题。……我们不能说去把学生的优劣归结于他到底做成了什么东西，而忽视这个做东西的过程。所以这就造成很多学生的压力很大，然后有些比较病态的情况，这点研究所里比较多一些，在大组里面也会明显一点。这个是不太健康的……（金老师）
>
> 很多时候是这样的，把别人逼得没有办法，我们不再去关注学生本身，学生是工具，我们也是工具，所有人都是工具，是这个 system（体系）底下的工具。这要求我们必须要完成一些东西，完不成那就不可能被认同。对于学生来说，老师可能不会去关注他做了哪些工作，让学生自己变得更有能力，帮助学生成长。老师首先关注的不再是这个，而是学生有没有完成任务，是不是还没做到我们想要的东西，是不是哪些地方做得不对，得赶紧纠正。大家都得在这个 system（体系）底下赶紧 work（工作），otherwise（否则）就没有余地，所以这个是不好的。我知道有些学生还是很努力，比如说可能他准备了很多，他做了很多东西，然后他做了两三个星期甚至很长很长时间的努力，然后老师一听到他没有得到想要的结果，那学生就不用说了，师生间的 conversation（对话）可能就结束了。这对学生的打击是很大的，这个情况很普遍。（全老师）

上述受访教师认为学生参与科研活动的过程对个体成长更加重要，但现有研究生教育体制受到科研评价体制的影响颇深，科研成果导向和表现主义量化竞争的风气已经蔓延至研究生群体，导致人才培养出现偏差，对可见成果的偏好大于对不可见培养过程的关注。这种功利思维不可避免地会造成研究生个体在参与科研过程中的消极体验，进而对科研的质与量产生负面影响。研究生作为科研活动中具有“合法性的边缘参与者”，当其处于不积极参与的状态时，学术共同体对科学研究的理想和追求难以内化至个体，将导致研究生个体缺乏稳定学术价值观和信念的引导，更加难以做到有效的“边缘性参与”，进而陷入学习困境，无法有效实现从学生向研究者的身份转换（陈向明，2013）。正如受访教师所言，在科研成果导向重于其他的氛围中，没有生产出可见成果的研究生个体将成为竞争中的“失败者”，其在科研过程中付出的难以可视化的努力将同样不值一提，最终难以获得积极的内外部评价，而这将进一步摧毁研究生个体参与科研活动的积极性，使之更加难以通过合法性参与从学术共同体边缘迈向学术共同体中心。针对这些研究生教育体制层面的问题，受访教师表示会采取各种行动尽量消解研究生参与科研过程中的消极体验，在践行自身学术身份理念的基础上采用“有人”而非“用人”的方式培养学生：

我有一个学生顶住了压力，三年写了一篇论文，发在了美国××××刊上，是我们学院的第一篇。真的就是三年发一篇……我从来不会要求学生一年发几篇论文，在我的团队里，学生一年发一篇论文算高产了，我也不愿意他们发太多论文。（史老师）

我的博士到现在，第一篇文章还是刚刚投中，已经两三年了，因为我第一年没招到博士，第二年才招到博士，现在已经刚好培养一年，出来一篇文章，这很正常，非常正常，博士生一年出一篇文章不很正常嘛。（穆老师）

也有受访教师通过减少“约束管制”、增加“资源支持”的方式，帮助学生减少自主开展科研过程中的困境，以促进学生的自我成长：

我们做实验，我不建议打卡。我个人觉得，你想做出来一个东西，不管你在哪，我可以提供你所需的资源。比如说，咱们这里做不了的实验，学生要到别的地方做，我可以提供资源，哪个地方需要我联系，我可以帮忙联系，出差我可以提供经费，要做实验的话我帮忙买材料，所有的后勤保障工作我都可以做好，这个没问题啊，就看学生自己去做了。（罗老师）

我还要给学生提供相应的条件，包括经费啊、实验器械啊，让他们能自由地去展开他们想做的，在那个已经定了的方向上，自由地去探索，然后发挥更大的力量，发挥学生的主观能动性。我觉得这样的话，能够调动学生的积极性。其实学生都很想发文章，想多一点成果，因为他们也知道，以后他们找工作，特别是博士生，很多还是要继续走科研之路，论文对他们很重要。他们也想做一些好的研究工作，发表好的论文，我觉

得对学生来说，我们老师如果能给一个好方向，给一个好的条件，学生还是很愿意去努力做研究的。（宾老师）

此外，还有受访教师针对学生个体特质因材施教，进行相对个性化培养：

我知道什么样的学生该怎么应对，怎么样跟他谈心，鼓励他或者引导他，男生是什么特点，女生是什么特点……性格上有什么特点。像女生的话……需要看到结果，特别是没有自信的女生，除非她发过第一篇论文，她就能有自信。男生有可能就不是这样，有的男生可能一开始盲目自信，以为自己什么都懂，什么都是对的，其实他并不对……那就应该让他去错一下，让他走一点弯路，这也是好的，要有一些针对性的训练，不一定完全按导师的想法来，因为他在独立思考，我们可以按照他的思维让他试一试，就算错了，回过头还有时间。（穆老师）

青年引进人才作为我国科研共同体中未来可期的学术精英群体，具有极强的反思性和能动性，其在人才培育方面的理念和行为将会在一定程度上成为改变既有研究生教育结构性问题，推进研究生教育制度良性发展的基石。当科学有效的研究生教育制度切实发挥效用时，优秀的研究生群体将为青年学术精英科研生产活动的顺利开展提供有力保障，助力其提升科研生产活动的质与量。

二、科研评价制度

科研评价既是对学术品质和学术贡献优异程度的鉴别与认可，也是学术知识生产的内在动力，还是学术资源分配的主要机制（孟照海、刘贵华，2020）。高校作为科研生产的主要场域，需要基于国家和本校的战略与目标，按既定原则、条件及程序、方法，对教师科研行为、过程和结果的表现进行价值判断（顾海波、赵越，2017），而这些在评价过程中形成的一系列准则、标准和规定逐渐构成了高校、区域乃至国家层面的科研评价制度。科研评价制度在高校乃至高等教育发展中都发挥着举足轻重的作用：在宏观层面，科研评价制度关系到高等教育能否充分践行科研创新使命；在中观层面，科研评价制度关系到学术组织和学科领域的科研生产质量；在微观层面，科研评价制度关系到学者个人及其学术成果在学术共同体内的社会认同（刘梦星、张红霞，2021）。有学者指出，以科研评价为代表的学术评价制度，归根到底是一个“分配正义”的问题，是通过对每个人学术劳动的准确判断，给予他们与其贡献相当的回报和相应的社会责任，其最终目的是选拔优秀人才，激励先进成果，推动学术进步(刘大椿，2007)。对于本书中的个案高校和个案教师而言，其学术声誉和科研产出均处于我国高等教育结构的顶层位置，外界往往将之视为科研评价制度的既得利益者。但与此同时，作为受到科研评价制度规训的组织和个体，他们同样需要在遵循制度要求的基础上开展科研活动，因此制度规范与主体行动之间会不可避免地产生拉扯。现有的科研评价制度注重可见的成果产出，这或多或少会对科研活动的开展产生激励作用，促使相关主体投入更多精力提升研究的质与量，这点在本书中也有所体现：

> 这个跟社会生存一样，要想发展只能适应周围的环境，在不破坏、不违反底线原则的情况下去适应。比如说刚才说的要求，学校就这么定的，你不去努力，不去往这个方向弄，就死路一条。所以只能是去适应，指挥往哪走就往哪努力呗。(白老师)
>
> 这其实是系统考核的原因了，比如说学校层面，说到论文，肯定是CNS了，别的我们就不纠结了，也不看了，发再多学校可能也不关心。1篇CNS就可能抵得上别人10篇、100篇，或者多少年加起来的努力。那这个考核标准是不是并不那么科学？这也需要大家去反思嘛……原来的话可能大家都发不了那么好的，其实我们对于高水平论文的要求从来没有停，不是说发低水平的、很多数量的就很厉害。但从管理层面可能这样做比较有效，因为确实数量上去，可能质量也可以上去……而且做科研的人本来就不傻，不能劣币驱逐良币。所以我的理解是，聪明的人，也会慢慢靠拢这个system(体系)，人其实都很现实，至少都不傻，能坚持最原始的科学初衷的人应该很少。但是换过来说，是不是坚持科学初衷就一定很重要，也不好说吧。(全老师)

从中可以看出，对制度环境的适应和依附，是一些学术职业个体为了更好地在组织和结构情境中生存和发展而做出的“权宜之计”。如上述受访教师所言，这种选择对于个体而言无可厚非，并不一定会与学术理念完全背道而驰，从而导致非此即彼的极端对立关系。不过从上述受访教师的观点中也能发现，当下学术职业个体对科研评价体制的选择并非基于自身对制度的内在认同，而更偏向于受外部情境约束才不得已为之，具有明显的被动性。当学术职业个体在回应制度需要的过程中产生类似消极感知时，其在科研生产过程中的行动模式也将受到影响：

> 我现在的学术工作主要就是发文章、拿经费……我在美国待了10年，然后我觉得回国要抓紧主流方向，比如说我在国外本来做那几个问题，回国后一个都没做，变成做另外的问题了……我回国前从来没做过这个问题的，回国后因为现实需要，也是这个问题在国内刚刚起步的时候。而我在美国搞的问题，其中有一种在国内已经做得很多了，尽管我在国外做得也挺领先的，我们实验室也挺好的，但是回国首先要考虑拿经费，我如果还是做原来做的问题，我根本就拿不到经费，所以我就改了方向。（任老师）
>
> 热点有时候是要看，我觉得也不是只追热点，因为国内有国内的行情。追热点可能发论文会容易一点，但不代表拿经费容易……其实国外很多也是不一定正确的，我觉得有些研究也是为了发论文而去做的，这个很难说是好是坏。但是在中国的话，我觉得一个好课题，既能出高质量的文章，又能申请到经费，这才是一个良性循环。如果只有很好的文章，而没有经费，没有基金委支持，或者对其他产业没什么用，只是发论文就完了，我觉得可能也不是一个良性循环了，还是得有良性循环。当然如果只是和产业化太接近，那么创新可能会差一点，发论文也比较难一点，这种问题肯定是要权衡一下。

从中可以看出，文章与经费正是当下高等教育新公共管理改革情境中学术职业赖以生存的基础，被个案教师称为开展学术工作的“良性循环”。因此，当学科属性或研究方向难以满足基于科研绩效的外部评价标准时，个案教师需要在学术兴趣与现实需求、创新引领与应用导向之间做出选择。虽然新的研究问题依然没有脱离个案教师多年耕耘的学科领域，但这番取舍也使其放弃了之前从事已久且已形成相对优势积累的研究问题，不得不面临重新起步的风险。而且由于学术系统和产业系统对科研成果的需求取向不同，导致个案教师在研究的创新性与应用性之间游移不定。受此影响，学术职业个体的学术理念、学科自身的内在属性以及评价制度的现实需求之间将产生割裂，不仅会给科研生产活动带来不利影响，也会导致学术职业的学术身份建构出现偏差：

现在我们的目标不是说做好自己的科研，做好自己的工作，做好自己的教学。我跟好多老师说过一句话，我说在学校当老师，就必须凭良心，而不是凭其他的。如果只凭其他的，这个良心慢慢就没了。包括我在内，我们去迎合那些东西就很累了，没有多余的时间去思考。或者去做那些短期能看到东西的事，不做那些长期显示不出来东西的事。（白老师）

正如个案教师所言，良心是学术职业的核心，是高等教育发挥人才培养、科学研究与社会服务职能所必须具备的基本前提。但受目前的评价制度影响，学术职业的评价标准偏重于可见的、可量化的、可比较的外显成果，这必然会导致诸如教学、学生培养、社会服务之类等难以做出显示度的学术工作内容被挤压至学术职业的边缘：

简单点说，我们是可以靠堆论文这样的事情上去，但这个不是最理想的通道，理想的通道那肯定是比较正常一点的，比较人性一点的，比较符合科学规律的。说白了那些发很多论文的人，他有没有可能是完全靠他自己的力量发出这么多论文来？或者有没有可能这些论文都是很不错的论文？这个概率非常小。大家的精力都有限，对吧？这是不可能的。（俞老师）

可以看出来，真正要做比如说卡脖子的这种技术或者方法之类的重要科学问题，实际上是要长期的坚持，要认准一个东西长期去做的。但这种东西，往往很多时候并不是学校考核需要的，无论是从学生还是从导师的角度来看，并不是能做下去的。因为往往能发很好文章的方向，是很热的方向，并不是说真的能够解决现实问题，实际上这里有很大的差别。比如说文章发得很好，并不代表能解决真正的问题。现在我们可以发很多文章，现在中国的发文章水平已经在世界前列，但是我们做卡脖子的东西，实际上是做不好的，对吧？所以这个里面还有很大的区别。（薛老师）

从中可以看出，无论实然层面还是应然层面，基于量化标准的科研评价制度所带来的产出增长都与个案教师的学术理念之间存在明显张力。就实然层面而言，个案教师认为学术职业个体的科研产出需要耗费大量精力，过多的成果发表似乎并不符合科学探索的规律；就应然层面而言，无论学术问题还是实践问题，学术个体都需要以科学精神为引领，在具体研究方向或领域内长期坚持，才能为扩展知识边界或解决现实问题做出真正贡献，而非仅仅满足于发表与评价需求。在本书中，秉持上述理念的个案教师通过发挥主体能动性，在满足科研评价和坚守学术初心之间达成了某种平衡：

我觉得好的学者，首先要有一个非常好的内心状态，就是说能排除一些社会的干扰、个人的干扰，做一个纯粹的学者，这个很重要……我觉得首先就是个人的兴趣，对科学本身的这种好奇心，发现一个新东西的那种喜悦，这个是非常重要的一点。而且我觉得，在我们中国，也要考虑国家的需求，不能只做自己的兴趣，还要往国家需求上去看一看。（穆老师）

我之前做的一个课题，文章发得倒是一般，而且引用也没有多少，但是我觉得还是好。很多时候不能只看引用多才认为是好的，因为研究问题是一个难题，是很抽象、很理论的一个东西，有100～200个公式在里面，花了我两年时间。我觉得很多科研工作者做的研究的好与坏，不能用影响因子和引用来判断，只要你自己明白这个研究是好的，是有突破的，或者是有价值的，那这个研究就是最重要的，看外在的那些东西都没用。好东西可能现在不热，可能以后就很重要，关键是你自己觉得做的研究到底对领域的影响、改变、突破有多大，研究的难度有多大，这些其实你自己非常清楚。（穆老师）

上述情况表明个案教师不仅将自身的科学兴趣与国家的现实需求相结合，达成内在满足与外部需求之间的协调，而且能够在学术评价方面坚持自身的观点和判断，以此实现较高的科研效能感。因此，即使制度带来的外部要求会对科研活动产生某些约束和限制，学术职业个体依然能够发挥自身能动性，以此消解制度的部分负面效应，实现个体行动和制度要求之间的相对平衡。对本书中的个案教师而言，其作为学术精英能够凭借高水平学术训练与国际学术网络资源更有力地发挥自身学术理念对科研工作的影响，如此既能在一定程度上降低制度要求带来的束缚，也能保障科研产出质量符合科学精神的内在期望。即便如此，目前的科研评价制度依旧需要与基于精准测量的竞争性评价思维松绑，从而转向多元化与改进型的评价体系：

时间上的投入，精力上的投入，包括个人的侧重点，说白了一个人没有那么多时间，你的时间到底要花在多去开开会认识些人，还是多写几个项目书，还是多跟学生聊一聊课题的事情。当然这些事情都很重要，但实际上你的时间和精力是有限的，不可能把每一块都做得特别好，只能是最后不停地协调、妥协的一个过程。但是可能有些人会有一些侧重点，可能是很现实层面的一些考虑，也可能是个人的意愿，他更愿意做哪些事情，那最后可能我觉得会带来一些不一样的结果，很难从功利的角度说……（谈老师）

就是在现有的评价体系下，可能有些人的头衔拿了很多，经费拿了很多，但是用这种方法去衡量一个学术研究者是不合适的，应该放在一个更大的尺度上，或者是更长远地去看……比如说学科领域同行对他的印象，学生对他的印象，就不应该是简单的、量化的评价标准。我觉得现在大家在讨论怎么去优化这个评价体系，很多事情当然需要量化才能够比较，但是简单的一个量化标准，必然会导致大家都往这个方向上挤，不一定最后是一个好的结果，因为做学术本来就应该是一个多元化的考核和评价机制。（谈老师）

个案教师的观点反映出我国当前的科研评价制度在很大程度上存在着一种不信任的氛围，即对学术职业和科研活动的监管更胜于信任。当基于绩效和问责的外部评价主导甚至全面取代了学术共同体内部的自我评价时，学术职业与科研工作作为被评价对象，不仅将被排除在评价过程之外，还将从科研活动主体沦为被问责的客体，使得基于问责的评价目的取代了促进发展的评价目的，导致人们对评价活动的关注远胜于对改进活动的关注（张应强、赵锋，2021）。因此在我国深化科技领域“放管服”改革的背景下，营造鼓励探索、宽容失败、尊重多元的科研环境与氛围，不仅是激发科技创新活力的重要保障，还是对科研人员科研权利的尊重与保护。因此，相关利益群体需要转化评价理念、合理设置评价指标体系、优化评价组织模式（郭创拓，2020）。若能如此，或将逐步推动以信任、合作、共创、共享为核心的科学评价新制度的生成与发展，进而为学术职业个体科研生产力的提升提供切实的制度保障。

三、人才评价制度

除了前文提到的论文、项目等可见的评价指标外，以职称、称号、头衔等为基础的人才评价制度同样是当下科研评价体系的重要组成部分。对于学术职业个体而言，虽然科研评价制度会影响其科研理念与行为，但科研活动的开展依旧需要基于个体自身的能动性，制度在这个过程中更偏向于导向性作用而非强制性作用。人才评价制度则不然，无论以内部晋升为主要功能的职称、职级评价制度，还是以人才称号、头衔为代表的人才项目评价制度，都会对个体的学术职业生涯产生直接作用。前者决定了个体在学术组织内部的职业发展路径，后者不仅体现了个体在学术场域内部获得的声誉及认同，还常与大量的学术资源形成捆绑，两者都是学术职业建制在组织化与系统化时代无法回避的制度要求。在本书中，20 位个案教师均就职于我国顶尖研究型大学，且均已获得国家级别的人才称号，可谓位于我国学术金字塔顶层的青年学术精英。正如前文所言，国家级人才项目头衔为个案教师开展科研活动提供了充足的学术资源，使之在个体学术职业生涯的启动阶段就能拥有强力支持，进而为其科研产出的高质高量打好根基。然而源于对新自由主义压力的回应，研究型大学教师的聘任、评价及其晋升过程都带有越来越强的锦标赛制特征(顾剑秀、裴蓓、罗英姿，2020)，以学术产出效率和学术生产力为晋升评价核心的评价制度作为研究型大学教师职业发展的外部驱动力对教师的行为选择影响重大(周玉容、沈红，2016)。在本书中，教师晋升制度同样存在较为明显的锦标赛制特征，个案教师作为拥有国家级人才项目称号的青年学术精英仍然需要面对充满不确定性的职业生涯路径。×大已于近年大力推行高校教师聘任制改革，在试行教师预聘长聘制度的基础上建立了校级人才计划，引进了一批国际高水平大学助理教授及相当水平的优秀青年人才，成为×大预聘制师资队伍中最重要的组成部分。在具体实践中，×大一方面以校级项目制人才引进取代传统的教师招聘，另一方面通过预聘—长聘轨道对引进人才进行考核与评聘，使得部分个案教师即使通过国家级人才头衔得以引进，其后续职称与岗位评聘仍需在预聘—长聘轨道中进行：

我们学部以前都不让我们申请长聘轨正教授，也不是说不让，反正没有这个政策，也不鼓励我们申报。另外，当时大家也觉得这个政策是 6 年的聘期考核，努努力，直接拿个长聘正教授，也是有希望的嘛，所以也就没有老师去申请长聘副教授，因为评一次也太折腾了。如果很多东西全都一开始就说清楚了，那很多人 3 年中期考核后就会去申请，因为接下来就不用再折腾这个了，可以好好努力冲刺杰青之类的，就不用再去考虑评长聘的事情了。以前大家都觉得自己努力努力嘛，还有机会拿个长聘正教授，职称上多少好看一点，去申请项目、争取头衔也会有利。如果只是长聘副教授，不太可能去拿什么国家层面之类的头衔。（史老师）

因为我们是第一批（预聘制）人才引进的，如果有明确政策的话，我们会在时间上有个大概的把握，晋升需要什么样的条件，我们自己也可以跟着规划一下。但现在没有清楚的政策，当然我们也是按部就班工作，就是不确定性太强。（倪老师）

×大在教师人事制度改革进程中出现了教师晋升制度单向嵌入至人才项目制度的境况，导致预聘一长聘教师评聘制度具有了一定的“唯帽子”色彩。追本溯源，人才项目是为吸引和培养优秀人才而设立的资助项目，一般是以项目制的形式要求项目负责人在一定期限内完成相应的科研任务。在出发点上，除引进优秀人才之外，更多支持优秀人才快速成长，以项目周期内取得的阶段性成果为今后取得更大成就筑牢坚实基础。但是当下众多引育性、阶段性的人才项目被异化成荣誉性、终身性的人才称号或“帽子”，并与经济利益、考核评价、待遇奖励等资源形式直接挂钩，从而形成了错误导向和反向激励（张健，2020）。在×大的预聘一长聘制度改革中，从人才引进到职称评聘，无一不与人才称号挂钩，没有人才称号的教师需要努力争取人才称号，拥有人才称号的教师需要争取更高一级的人才称号，如此循环往复，将对教师个体的职业生涯发展产生十分明显的“争帽子”导向作用：

实际上国内是特别重视帽子这个事情的，这就是我们国家特色，怎么说呢，不说好坏，就是这样，我能够深切地感受到这个压力，没有的话就没人 care（在乎）你。（倪老师）

肯定是有压力的，因为人才帽子毕竟是数量有限的，而且有年龄限制，我们只是说尽量争取吧。（宾老师）

接下来肯定得冲刺啊，就现在这个情况，这些事肯定还是要冲刺的，没办法。（罗老师）

从中可以看出，虽然个案教师在被引进时已拥有国家级青年人才头衔，但×大在人才评价制度改革推行过程中造成的“唯帽子”风气，不仅使个案教师在学术职业发展初期就面临着巨大压力，还会加剧预聘—长聘制教师出现的马太效应，甚至破坏其在学术身份建构过程中的身份认同，而这些因素都会对教师个体的科研生产带来不可避免的影响：

你可以想象，大家会为短期的目标去担心这些问题，必须要在多少多少年完成什么东西，因为这个课题是没法长期开展的，也不太现实，这就是现状吧……我觉得对我个人来说，可能一半一半吧，我会有一半的力量去关注我自己比较感兴趣的、长期的、重要的一些前沿课题，可能不会很快有回报，可能需要学生包括我自己花很长时间去做研究。但是我有一半的力量是放在见效比较快、可能出文章快一点的方向……这是现实的考虑，不是合理的考虑。（全老师）

人的精力有限，不可能一下就铺得太散，我们开头先集中精力做一两个东西，然后再根据情况扩展……这只是阶段性的，不可能一下做太难、太冷的方向，也不可能做一个 10 年的计划或者 project（项目），这不现实。（薛老师）

为了满足×大的教师人事制度改革带来的晋升新标准，身处预聘轨道中的个案教师或多或少需要改变科研理念，将资源和精力拆分给或快或易或热的科研方向与研究领域，以实际行动向变革中的制度靠拢。如此虽然能帮助个案教师走上相对顺畅的晋升路径，但并不利于真正发挥出其作为青年学术精英的巨大潜力，甚至会歪曲个体对于学术职业及其身份的内在理解：

拿到帽子也不见得就是 professor（教授）……professor（教授）是对人才的评价，一说，你发了一堆论文，一问，你的贡献在什么地方？不知道，那这人就不能做这个学科领域的 professor（教授）……通常来讲，你说你已经是这个学科的 professor（教授）的话，你就要对这个学科有贡献。贡献除了体现在研究上面，还体现在学科人才培养上面，对社会的贡献上面，如果说远一点，对社会的贡献可能有多种方面，比如说有人喜欢做科普，这种人就特别值得尊重，有人去解决产业和国家的实际问题，这种人也很值得尊重，这些都是贡献的一部分。但是我们现在过多地把人才局限在比较单一的情况下，许多人把“帽子”看得很重，但是他没有想想“帽子”后面说明了什么，他没有理解“帽子”后面的内涵是什么。（俞老师）

追本溯源，设立人才称号、颁发人才“帽子”的出发点在于树立先进典型人物、形成正确导向引领、发挥标杆示范作用（张健，2020）。但是在当下的学术场域中，人才称号往往与各类资源捆绑，其引领导向作用异化为评价筛选作用，导致人才项目或计划上的重成果评价、轻潜质开发的现象加剧（温志强、滑冬玲、郝雅立，2017），×大的人才评价制度改革恰恰是一些高校内部此类风气的真实写照。对×大而言，不能只着眼于青年学术英才的引进，更应重视对其的培育。人才项目是为了促进人才更好发展，是人才培育的手段而不是目标，不应将人才称号与教师评聘之间的关系因果颠倒。具体到科研生产层面，虽然×大以获取人才称号作为评聘条件能够在一定程度上倒逼个案教师提高科研产出，但这种负激励难以持久，更无法内化至个体的学术理念，长此以往甚至会侵蚀学术风气，导致科研生产活动的异化。因此，破除对人才“帽子”的绝对崇拜，真正发挥预聘—长聘制度的积极效应，应是×大切实推进人才评价制度改革的当务之急。

综上所述，本书通过对 20 位青年引进人才的深度访谈，发现影响其科研生产力的主要因素归属于以下四个层次。一是个人层次，主要涵盖个体的各类特质，包括先赋因素和后致因素。其中先赋因素包括个体的性别、年龄、家庭社会经济地位等；后致因素则包括个体的教育经历与工作经历。二是关系层次，尤指个体在学术与科研场域中建构的各类关系网络及社会资本对科研产出的影响，例如学缘关系、科研合作关系、学术交流关系等。三是组织与学科层次，对于当代学术职业而言，个体对组织与学科的双重忠诚越来越明显，组织拥有的学术声誉，提供的各项支持，都是影响个体科研活动效率的重要外部因素；而学科领域内高深知识的传承与创生又需要在遵循科学研究范式的基础上，根据知识类别及其内在属性进行不断探索，使得科研活动具有很强的学科属性。四是制度与结构层面。从个体实验室、学术社团、行会到专门的学科与大学组织，从个人闲逸的兴趣到外部逐渐渗透的需求，科研活动在数百年间日益专业化与组织化，已成为高等教育必不可少的功能之一，其运作与生产模式将受到各项高等教育制度在内的宏观结构的影响，呈现出一定的结构功能属性。基于此，本书初步建构了青年引进人才科研生产力的影响因素生态系统（见图 5-1）。

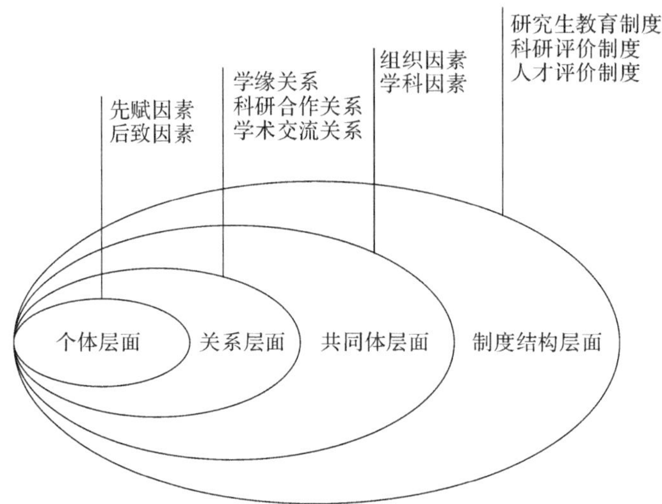

图 5-1　青年引进人才科研生产力的影响因素生态系统

第六章　高校青年人才科研生产力影响因素的作用机制分析

如前文所述，本书基于对 20 位高校青年引进人才的深度访谈，初步建构了青年引进人才科研生产力的影响因素生态系统。需要注意的是，上述影响因素生态系统只是本书基于相关的理论基础与获得的经验资料建构而成，是一种自下而上的理论模型，其在理论的连续体中属于情境性的"实质理论"，而非具有普适性的"形式理论"（Glaser & Strauss，1967）。即便如此，借助相应的理论基础和分析手段，前文图 5-1 生态系统中的各类概念及其关联依旧能够帮助本书在机制探讨层面进一步提高抽象水平，在一定程度上揭开"科研生产力之谜"的黑箱。结合社会科学领域探讨因果机制的发展路径和既有成果，本书将通过过程追踪（process-tracing）（德里克·比奇、拉斯穆斯·布伦·佩德森，2020）的方法讨论各层面因素影响我国青年引进人才科研生产力的因果机制。

第一节　高校青年人才科研生产力影响因素作用机制的分析框架

社会现象的主体是人，人的复杂性导致了社会科学研究的复杂性。在社会现实中，某一事件或现象的起因往往有很多，这些起因之间的组合同样多种多样，意味着在复杂的起因结构中存在着一个联结起因到结果全过程的因果决定链接，即因果机制（王天夫，2006）。具体而言，机制是一种过程概念（彭玉生，2011），因果机制关注的是原因导致结果的过程，尤其是作用力如何通过不同主体行为的互动传递下去（左才，2017）。因果机制的每一个部件都是可被概念化的实体(Machamer,2004;Machamer,Darden,Craver,2000),可以表述为(n_n→),其中 n_n 为实体(n),箭头为经由机制传递因果能量以产生结果的活动,* 表示逻辑"与",因此可将因果机制作为一个整体进行描述:

$$X \rightarrow [(n_1 \rightarrow) * (n_2 \rightarrow) * \cdots * (n_n \rightarrow)]Y$$

即 X 通过组成机制的部件传递因果力量,导致产生结果 Y,其中每一个部件都包含实体和活动(德里克·比奇、拉斯穆斯·布伦·佩德森,2020)。这种对机制的描述虽然是无关情境的(context-free),但在具体的研究中通常需要详细阐述机制所处的情境,以及情境对机制的激活程度(Falleti & Lynch,2009)。

因果机制的关注焦点是 X 如何影响 Y,其常采用的手段是缩小/降低(scaling down)分析的抽象层次,在寻找微观基础的前提下打开因果关系的黑箱(Gerring,2010)。微观基础强调行动者的重要性,通过降低分析层次为宏观现象提供微观基础,而过程追踪则强调时间的重要性,同时也将行动者纳入因果链条,使得这种分析方法更注重对具体个案的深度把握,借此寻求不同类型的个案集合背后不同的因果规律,在普遍性和特殊性之间达到相对平衡,建构一定范围内适用的因果机制(张长东,2018)。一般认为,过程分析是一种能够将宏观现象与微观基础关联,相对系统地解释因果关系"如何发生"的研究方法(Craver & Darden,2013)。该方法可以分析个案中的事件过程、顺序和联系,进而创建或检验可能对个案形成因果机制解释的假设(Bennett,2008)。

在抽象层面,过程追踪方法坚持溯因推论(abductive reasoning)的逻辑路径,研究者不仅需要深入考察具体的事件或现象,还要结合已有的研究成果或理论启示,实现循环往复、多次迭代的研究过程,以期在经验和理论之间实现互动并展开对话(Schwartz-Shea & Yanow,2012;德里克·比奇、拉斯穆斯·布伦·佩德森,2020)。使用过程追踪对特定个案进行观察分析时,通常不会对个案的现实条件进行过度筛选,而是更加注重个案与其所处时空情境的特殊关联,以便在研究设计中纳入多个因果解释的可能性,通过梳理结构性变量之间的相互作用以及多变量时序变化引起的非线性效应,争取在同一解释框架内解释复杂的个案事实或现象(Kay & Baker,2015)。据此,因果过程展开的社会情境、因果机制的时空情境条件及其基础理论都是过程追踪法关注的焦点(Falleti & Lynch,2009;加里·格尔茨、詹姆斯·马奥尼,2016;

Trampusch & Palier,2016)。在具体应用层面,过程追踪分为以下三种类型:理论检验型(theory-testing)、理论建构型(theory-building)和解释结果型(explaining-outcome)。理论检验型过程追踪需要在已有研究中演绎出相应理论,之后检验根据理论假设出的因果机制中的所有部件是否均在个案中出现,即因果机制是否如同理论假设一般存在并起作用(德里克·比奇、拉斯穆斯·布伦·佩德森,2020)。理论建构型过程追踪则从经验材料出发,通过对材料的结构性分析来检测研究者假设的因果机制,其与前者的区别在于理论建构型过程追踪寻求的是一种基于中层理论(middle-range-theory)的因果机制,关注具体机制如何在特定理论假设上动态地产生社会反应(Merton,1949),并期望其能在有限情境之内得到一般化推广。理论检验型过程追踪则更加侧重对个别个案作最低限度的充分解释(德里克·比奇、拉斯穆斯·布伦·佩德森,2020)。解释结果型过程追踪旨在追踪产生问题结果的系统性因果机制,这种机制是就事论事的,不能脱离特定个案(德里克·比奇、拉斯穆斯·布伦·佩德森,2020)。当然,理论并不会在解释结果型过程追踪中缺席,只是其作用的发挥需要以个案为中心,启发并协助研究者某一特定结果建构尽可能好的机制解释(Humphreys,2011)。

回到本书中,揭示并探讨青年引进人才的科研生产力影响因素及其作用机制是本书关注的核心问题。因此在研究设计环节,研究团队成员重点阅读了包括学术身份、学术职业、高校教师、科研产出、科学社会学等在内的已有文献,受到了一定的理论渲染。在研究资料收集阶段,本书基于最大目的抽样确定了包括地域、高校、学科、个体在内的具体研究情境,先后对 20 位个案教师进行了深度访谈。在这个过程中,研究团队虽然或多或少会受到前人理论和文献的影响,但个案教师独特的思维、表述和行动在很大程度上也为研究团队带来了新的视角与思考,使团队成员逐渐形成在理论和经验中灵活往返的思维路径。而且本书的资料收集阶段与分析阶段同步开展,对每个个案之间的比较分析贯穿研究始终,在此基础上逐步呈现研究分析的结果。正如前文所述,本书的质性资料部分呈现出的分析结构既来源于经验资料自身,又受到相应理论启发,建构出了基于具体研究情境的青年引进人才科研生产力影响因素生态系统。上述分析结果初步呈现了本书的研究问题之一,但并未涉及相应的机制问题。因此,下文将结合过程追踪方法,以因果机制探讨作为核心关注点,增加对相关理论的关切程度,重新对个案进行迭代性分析,进一步抽象资料分析结果中生成的各类概念，力求揭示青年人才科研生产力影响因素之间的作用机制，打开"科研生产力之谜"的黑箱。

关系层面如前文所述，本书结合生态系统理论初步分析了影响青年引进人才科研生产力的多种因素，并对这些因素进行了不同层次的划分和整合，建构了基于本书具体情境的学术生态系统。一方面，个案教师的科研生产力无疑会受到各层级系统及其因素综合作用的影响，体现出生态系统的整体性与结构性特质；另一方面，生态系统理论同时也强调个体与环境之间的交互作用，即教师主体应发挥自身的主观能动性，积极与生态系统中的各要素进行互动及寻求发展（Tudge，Mokrova & Hatfield，et al.，2009），促进科研生产力的提升。据此，生态系统理论涵盖自上而下与自下而上两类研究视角，使之逐步发展出以"过程—人—情境—时间模型"（process-person-context-time model）为标志的具有可操作性的理论分析框架（Bronfenbrenner & Morris，1998）。在该模型框架中，结构和行动构成了学术生态系统存在的基础条件，主体与情境则是学术生态系统得以衍生并获得独特性的重要因素，过程和时间进一步为学术生态系统赋予动态属性，而这与前文提到的过程分析方法不谋而合。因此，本书将基于生态系统理论，通过过程分析法探讨青年引进人才在科研生产过程中的注意力分配机制，以此作为打开"科研生产力之谜"黑箱的一把钥匙，具体的机制分析框架如图 6-1 所示。

该框架以学术生态系统分层为情境基底，以过程分析为动态方向，以注意力分配—注意力竞争为理论视角，建构出从个体到制度、从结构到行为、从微观到宏观的青年引进人才科研生产力影响机制。下面将对该框架进行说明。

首先是基于个体层面的微观系统。该系统层面是本书情境下学术生态系统的基础，个案教师通过自身先赋因素和后致因素的互相作用从而进入学术职业，获得人才头衔。由于个案教师主要在国际学术环境中完成自身的学术积淀，其学术身份认知更多受国际学术规范影响。其回国后，面对国内既有的学术规范，会遭受一定程度的逆向文化冲击，例如科研范式转换的困难（赵显通、尹弘飚，2021）。在这个过程中，两种不尽相同的学术规范将竞争个案教师的注意力，而个案教师也会根据既有的认知图式对注意力进行分配，进而在科研活动中产生相应的行为方式，以此对个体的科研生产力造成影响。如图 6-1 所示，个案教师的行为受到注意力分配机制的作用，形成了以

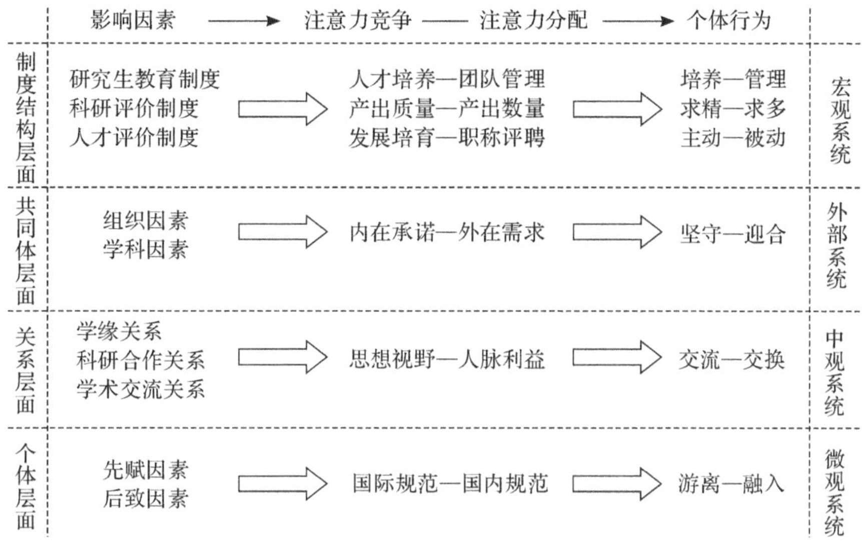

图 6-1　青年引进人才科研生产力影响因素的作用机制

“游离—融入”为端点的行为连续体，成为科研生产力影响机制需要探讨的第一层过程效应。

其次是基于关系层面的中观系统。该系统层面是个案教师通过各种学术社会网络关系建构的，他们自身是这些网络的中心，而这些网络又会和其他网络交叉，实现社会关系的传递与扩展。然而关系往往与资源相连，中国作为传统的人情社会，人情和规则、制度之间常常存在张力，人情运作获得的社会资源以及社会支持不容忽视（翟学伟，2004）。人情现象在中国的学术环境中同样普遍存在，而本书中的个案教师由于自身教育和工作经历的关系，其在回到国内后或多或少都需要重建自身的学术人际网络。在这个过程中，两种不同出发点的学术人际关系将竞争个案教师的注意力，使之产生关于学术交流的不同认知图式。一方面，个案教师需要通过学术交流了解研究领域，扩展研究视野，实现脑力激荡；另一方面，个案教师也需要在学术交流过程中扩大、整合乃至重构自身的学术人际关系，以此寻求相应的资源支持，实现一定程度的利益交换，而这将对个体的科研生产力造成影响。如图 6-1 所示，个案教师的行为受到注意力分配机制的作用，形成了以“交流—交换”为端点的行为连续体，成为科研生产力影响机制需要探讨的第二层过程效应。

再次是基于共同体层面的外部系统。该系统主要由个案教师所处的组织环境和学科环境构成，既是个案教师日常身处的实体场域，也是其身份归属的虚体场域，具有双重性和重叠性。学术职业作为一种培养时间长、进入门槛高的专门职业，长久以来以同行评议、自我治理作为合法性根基，有着很强的排他性与封闭性。随着高等教育由社会边缘进入社会中心，各方利益主体的介入不仅打开了“象牙塔”的大门，也令学术职业的自治属性遭受挑战。以大学排行榜为代表性的外在指标获得了承认式权威，导致全球的高等教育都被纳入“被指标治理”的模式（张乾友，2021），他治与共治在很大程度上取代自治，成为学术职业群体必须直面的变革情境。在这个过程中，两种充满张力的共同体身份认知将竞争个案教师的注意力，使其在学科属性、范式与外部考核、评估之间游移。当个案教师坚守学科内在属性，严格按照学科范式开展研究时，其科研产出的水平与质量能够得到更多保障，但其产出周期也将相应延长，这对于尚处在学术生涯发展初期的部分个案教师而言无疑会加剧晋升压力。面对此类情况，部分个案教师将调整甚至重塑自身对于科研活动的认知，转而以率先满足外部需求，实现学术晋升作为注意力分配的首要目标，并以此指导科研行为。如图 6-1 所示，个案教师的行为受到注意力分配机制的作用，形成了以“坚守—迎合”为端点的行为连续体，成为科研生产力影响机制需要探讨的第三层过程效应。

最后是基于制度结构层面的宏观系统。该系统主要由个案教师所处的制度环境构成，其中研究生教育制度、科研评价制度以及人才评价制度是与科研生产活动相关性最高的制度。在研究生教育制度层面，个案教师与研究生构成了密不可分的科研运作团队，学生数量与学生生源成为直接影响个案教师科研生产力的重要因素。作为师生关系的存在形式，研究生教育的首要目标是人才培养，科研训练虽然是研究生培养过程中必不可少的活动，但其归根结底是一种教育手段，需要为研究生培养目的服务。随着全球进入技术变革新时代，科学技术成为促进生产力进步、社会发展的核心要素，加之科学研究的组织化与制度化程度不断加深，自然与工程学科的科研活动已成为一种具备完整流程，拥有精细组织和制度规范的生产活动类型。在这种变化中，研究生群体的身份也开始复杂化，他们一方面是处在学术生涯初始阶段的学生，另一方面又是投身科研活动一线的科研工作者，如何在这种身份张力中寻求平衡已经成为一种困扰。与此同时，新公共管理的滥觞为高等教育组织带来了新的治理技术，基于各类可见、可控指标的评价主义开始盛行，科研活动同样无法回避，其中对科研成果的评价促生了科研评价制度，而对科技人才的评价促生了人才评价制度。当两者遭遇研究生教育制度时，科研活动似乎在某种程度上由教育手段异化为教育目的。而当科研和人才评价制度与教师群体的学术生涯发展捆绑后，这种评价主义的凝视或令教师群体将科研压力有意或无意地下移至研究生群体，进而影响师生关系。上述三类制度耦合形成的制度结构体系将对个案教师的科研生产力造成极强的影响。在这个过程中，几类不同的制度与结构逻辑认知将竞争个案教师的注意力：在研究生教育制度层面，个案教师需要在承担教育职能的同时兼顾管理职能；在科研评价制度层面，个案教师需要权衡科研产出质量与数量之间的关系；在人才评价制度层面，个案教师需要思考人才头衔会为自身学术生涯发展带来怎样的影响。如图 6-1 所示，个案教师受到注意力分配机制的作用，分别形成了以"培养—管理""求精—求多""主动—被动"为端点的行为连续体，成为科研生产力影响机制需要探讨的第四层过程效应。

第二节　高校青年人才微观系统层面的影响因素作用机制

微观系统层面由个体因素构成了影响个案教师科研生产力的第一层影响机制。在本书中，所有个案教师均拥有海/境外求学或工作经历，其后致因素的同质性较高。而在先赋因素方面，性别虽然在一定程度上为女性个案教师带来了工作—生活上的拉扯，但并未影响其对科研活动的根本认知。这使得所有个案在该系统层面都表现出一种十分明显的注意力分配偏好，即科学研究应向国际规范靠拢。这里的规范不仅包括研究领域、研究范式、研究类型等科研内在标准，还包括发表载体、评价形式、团队运作、价值取向等科研外在标准。当个案教师回到国内高校后，其对国际学术规范的认同程度并没有出现明显改变，但或多或少会与国内的科研环境产生一些差异。一方面，由于本书中的个案教师均隶属于自然或工程科学领域，其以研究范式为代表的科研内在标准早已实现国内外同轨，不存在差异导致的注意力竞争问题。另一方面，在全球科技竞争愈演愈烈的当下，以增加科技力量、服务社会民生等价值取向为核心的科研外在标准在国内科研环境中发挥的作用十分强劲，这无疑会在很大程度上影响个案教师在具体研究问题、研究方向、研究领域等方面的注意力分配，进而影响其科研产出。据此，科研活动的国际规范与国内规范之间存在张力，即在外在标准方面影响个案教师的注意力分配，使之产生不同的科研认知和行为取向。

第一，将注意力继续分配给国际规范的个案教师。在本书中，此类注意力分配模式的个案教师大多属于入职年份大于一定期限，且已获得较高职级或职称的常规聘任轨道教师，其在学术发展层面的安全感相对充足，晋升压力相对较小，能够承担游离于国内学术规范的成本。这类个案教师坚持国际学术规范，在研究领域、研究方向和研究问题等方面更多地基于自身兴趣而非外部要求，在学术发表、科研合作、团队管理等方面也更偏向国际模式。具体而言，此类个案教师在国内入职后会选择继续坚持曾经的研究方向，并以自身充满国际风格的学术工作经验开展科研活动。在这个过程中，个案教师将科研生产方面的注意力更多地分配给了关注国际动态、发表国际刊物、运用国际模式指导学生等认知图式中，即认为自身的学术身份是基于国际认可的科学研究活动建构而来的。当面对国内外学术规范对注意力的竞争时，虽然国内的科研价值取向会影响学术职业的资源获取，进而影响其学术生涯发展，但个案教师往往并不会过多地将注意力倾斜，而是更多地采取一种游离的行为选择，例如应付性地参与国内研究课题，或将不重要的论文发表在国内刊物上等。当个案教师选择此类注意力分配模式时，其科研的连贯性和积累性都相对较强，能够使其科研产出质量和数量借助学术资源和科研经验积累呈现稳定上升态势，一般不会出现明显波动。

第二，将注意力转向分配给国内规范的个案教师。在本书中，此类注意力分配模式的个案教师大多属于入职年份较短，处在预聘—长聘轨道，还未获得较高职级或职称的教师，其正处于学术生涯初期，资源相对缺乏的同时还面临聘任制改革带来的巨大学术晋升压力。对于这类个案教师，将注意力主要分配给国际学术规范带来的结果更像一把双刃剑，虽然能够帮助其保持国际学术视野与科研水平，但也可能陷入无法及时满足考评需求的现实困境。此外，目前国际局势波谲云诡，我国的科研需要摆脱跟随模式，转向超越和引领模式，“扎根中国大地做研究”的科研价值取向成为当下我国科研发展的重中之重。据此，部分个案教师将注意力由国际规范向国内规范倾斜，在坚持国际科研内在标准的基础上将研究关注焦点转移至我国科技发展现实。

例如有个案教师认为国家需求导向是影响其科研方向选择的重要因素，为国家解决“卡脖子”问题将成为其科研追求的目标。当然，也有部分个案教师是为了舒缓学术职业初期的发展困境而将注意力向国内科研规范转移，其中或多或少有着对现实的妥协与无奈，但也无可厚非。具体而言，有部分个案教师基于加快科研产出周期的因素而转换自身的研究方向，也有部分个案教师在坚持大方向不变的情况下寻求能够增加其科研产出效率的其他研究方向。这两类个案教师都通过转移注意力分配焦点实现了融入国内研究规范的过程，其中前者更多地体现出一种基于家国情怀的主动性，而后者则由于外在指标要求表征出了明显的被动色彩。不过，上述两类个案教师都需要面临因注意力分配改变而带来的研究方向变动、科研中断等问题，这些现象会使其科研产出在一定时期内出现波动，波动的幅度则要视个案教师科研方向转换是否顺利、研究领域更新周期是否迅速、研究过程周期是否缩短等因素而定。

第三节　高校青年人才中观系统层面的影响因素作用机制

中观系统层面由关系因素构成了影响个案教师科研生产力的第二层影响机制。在本书中，所有个案教师均处于跨越国内外的学术社会网络中，比一般学术职业群体拥有的学术社会资本更加丰厚。在学缘关系方面，个案教师的博士生导师或博士后合作导师都是学科领域内的佼佼者，其中不乏国内外院士。从学术人属性看，学缘导师不仅能够为尚处求学或工作初期的个案教师提供科研方面的具体指导，更加能够带来学术精神方面的引领，是个案教师学术生涯成长路途中的重要他者。而从组织人和社会人属性出发，则可以将学缘导师视为学术社会网络的“守门人”，当个案教师开始跟随学缘导师开展研究工作后，即在一定程度上叩开了进入相应学术网络的大门，其后续在学术社会网络中的前行路径将在很大程度上成为学缘导师既有路径的顺延，并在此基础上逐渐扩展。当个案教师离开学缘导师进入新的学术生涯阶段后，依然会与学缘导师在相关研究领域展开频繁互动，这也使得学缘导师成为个案教师在科研合作关系和学术交流关系中的重要他者。即便如此，作为独立个体的个案教师并不会一直依附于学缘导师，其学术社会网络的扩展中心将逐步转向自身，这使得个案教师发展出兼具学缘共性与个体个性的学术社会网络。而且本书的个案教师是拥有跨越中外学术网络的青年人才，其学术网络的异质性与多元性程度甚至会在某些方面超越自己的学缘导师。因此在科研合作关系与学术交流关系方面，个案教师能够基于学缘关系建构出更具扩展潜力的学术社会网络。在本书中，所有个案教师都提到了关系层面因素对自身科研生产力的影响，学术社会网络一方面是个体实现学术思想层面激荡的主要形式，另一方面也是其扩展学术人脉、获取学术资源的重要手段，这点在属于人情社会的中国情境中尤为明显。在这个过程中，人际关系的思想交流功能与利益交换功能将竞争个案教师的注意力，使之产生不同的认知与行为模式，进而影响科研生产力。

第一，将注意力分配给思想交流功能的个案教师。本书中的个案教师在人际交往层面均认为学术交流的核心功能在于思想层面，但处在不同学术生涯发展阶段的教师表现出的行为模式则有所差异。当个案教师处于学术职业初期阶段时，由于个体的学术资源积累不足，其与学缘导师的依附关系还将持续一段时间，这使得个案教师的学术社会网络依旧围绕学缘导师展开，其合作和交流伙伴也多为同门中的其他个体。此类学术社会网络是个案教师基于导师、同门、熟人等客体建构而来的，具有一脉相承的特征，其思想交流的属性远强于利益交换的属性。当然，这也能为个案教师带来客观层面上的利益，帮助个案教师在职业生涯初期维持并提升科研生产效率。当个案教师度过职业初期阶段，获得学术晋升或积累了一定的学术资源后，其注意力焦点将由以学缘为中心转为以自身为中心，更加能动地发挥作为独立学术个体的身份属性。处在该阶段的个案教师的注意力资源将在某种程度上出现偏移，在学术交流的同时需要兼顾学术社会网络的利益交换功能，以帮助其进一步提升学术资源的优势积累效应。当然，本书中的部分个案教师依然以思想交流作为关系层面的核心，他们参与各类学术活动的初衷都是基于研究兴趣和研究视野，并未过多地考虑学术之外的利益问题。随着学术社会网络的扩展与异质性的增强，个案教师的合作与交流客体日渐增加，其参与自身团队之外科研活动的机会也将增多，进而实现科研产出的稳步提升。

第二，将注意力分配给利益交换功能的个案教师。本书中的个案教师对于学术社会网络的利益交换功能持有不同的认知，一部分个案教师认为这种功利性的人际交往与科学研究的学术内在属性相违背，在学术交流中应尽量避免此类心态的影响;另一部分个案教师认为科学研究是一种制度化的专门工作,在自然和工程科学领域开展科学研究尤其离不开团队与组织的帮助,在当下的学术环境中个体无法独立存在,必须通过嵌入相应的学术网络以获取发展所需资源,因此在学术社会网络的人际交往过程中实现互惠互利无可厚非。当然后一类个案教师虽然将注意力资源更加向学术社会网络的利益交换功能分配,但他们往往也是处在一种矛盾而不得已为之的状态。例如一位个案教师指出自己对于某些学术活动并不感兴趣,认为这些活动消耗了原本就稀缺的个人时间,但当这些活动或是由领域内知名学术个体/组织举办,或是由兄弟院校/系所邀请时,在很大程度上带有一种礼尚往来的关系交换色彩,如果拒绝次数过多,不仅不利于自身学术社会网络的扩展,更会导致这种人际关系交换链条的中断,令自身陷入一种学术"孤岛"的窘境。因此即使时间紧缺,这位个案教师都要抽出时间参与他认为必须参与的学术交流活动,以维持这种利益交换关系。此外,也有个案教师指出中国作为典型的人情社会,个体需要通过这种学术社会网络的利益交换实现学术资源的积累,这对于其生源质量优化、职称职级评聘、人才头衔评选等都有实际的帮助。据此,在实践中践行此类注意力分配原则的个案教师的科研生产力同样会在一定周期内出现波动,如果个体能够成功通过利益交换功能获取相应的学术资源,其科研生产力将在短期内得到提升,反之则会因时间、精力的过度消耗而降低个体的科研产出。

第四节　高校青年人才外部系统层面的影响因素作用机制

外部系统层面由共同体因素构成了影响个案教师科研生产力的第三层影响机制。在本书中,个案教师就职的高等学校均位于我国学术金字塔顶端,是中国顶尖的研究型大学。这类高校拥有悠久的办学历史与崇高的学术声誉,同时凭借国家重点建设投入而收获大量资源,为其学科发展创造出了良好的内外部条件,加之我国各级各类学科的建制都有很强的行政属性,使得我国学科共同体的合法性有一部分来自学科外部,学科共同体的身份认知处于内外部两种力量的拉扯之中。本书中的个案教师作为拥有国际学术训练经历的青年学术精英，其对学科与领域的归属感是在个体不断深耕的过程中逐渐形成的，使得个案教师的学科身份认同普遍强于组织身份认同。当然，由于个案高校作为顶尖研究型大学，强有力的学术声誉也会在一定程度上加强个案教师的组织身份认同。此外，个案高校自新中国成立以来一直是国家重点建设的对象，有着很强的行政治理传统，行政力量同样深嵌于以院、系、所等形式存在的基层学科组织中。受此影响，个案教师需要兼顾学术人与组织人的双重身份，同时完成教学、科研、社会服务为代表的各项职能，使其与高校组织之间的关系具有了一定的“委托—代理”色彩。受到双重身份的影响，个案教师一方面需要以学科属性和研究范式为中心开展科研活动，另一方面又需要满足组织属性带来的外部要求。而且随着新公共管理在我国高等教育中的盛行，越来越多外在于学科属性的评价与考核指标成为个案教师学术生涯发展过程中必须满足的要求，教师个体对于学科和组织的内在专业承诺将被动地让位于外在的指标评价主义。在这个过程中，内在属性与外在指标将竞争个案教师的注意力资源，个体需要思考自身的科研活动是继续沿着长久以来的内在专业承诺展开，还是顺应当下的考核评价指标进行。因此，坚守内在专业承诺与迎合外在评价指标成为个案教师科研生产过程中的两类行为策略。

第一，将注意力分配给内在专业承诺的个案教师。本书中的个案教师都有着较强的内在专业承诺，在学术身份认同上不约而同地将自己首先视为学科人，其中部分个案教师则是直接指出，相较于变动不定的组织身份，自身的学科身份才具有永恒性。秉持此类注意力分配机制的个案教师均来自基础研究属性占主导的学科或领域，学科属性的约束程度本身就较高，且大多个案教师已获得学术晋升，外部压力的降低使之能更加坚守自身的学科人身份。选择此种注意力分配机制的个案教师在科研过程中以发挥自身领域积累、满足研究兴趣为第一要义，十分注重研究问题的传承性与创新性。这种行为模式使其科研生产的周期较为稳定，甚至会为某项研究突破而主动延长科研生产周期，以求尽可能地提高自身的科研产出质量。虽然上述行为看似会降低个案教师周期内的科研生产数量，但凭借着优秀的学术传承与积累的学术资源，其科研产出的质量将保持平稳上升的趋势。当然，此种科研生产模式较难满足评价主义带来的数量要求，会导致个案教师在评价或考核过程中的竞争力降低。但随着破“五唯”的展开，学术代表作制度极大地增强了科研产出质量的重要性，此类注意力分配机制将更具可行性。例如一位隶属于基础自然学科的预聘—长聘轨个案教师指出，其耗费数年的科研项目虽然目前尚无产出，即使存在导致聘期考核无法通过的风险，但个案教师仍有信心能够凭借对研究的精雕细刻将成果发表在顶级学术刊物上，以此实现自身的学术抱负。

第二，将注意力分配给外在评价指标的个案教师。本书中选择此类注意力分配机制的个案教师均具备以下两个特质，或是处在预聘—长聘轨道中尚未获得学术晋升的个体，或是所属学科或领域具有较强的应用属性。前者面临着较大的发展压力，不得不将注意力资源向外部评价指标倾斜，具有明显的被动性。后者的行为选择虽然可被视为学术驱动，具备一定的主动性，但外部要求会不可避免地影响个案教师科学研究的自主性，使其或多或少地为了顺应和迎合外部评价指标而展开行动。因此选择此种注意力分配机制的个案教师都认为需要在科研生产过程中满足外部评价指标，进而采取相应的行为模式。对于晋升压力大的个体，开展短、平、快的研究是首选策略，具体行为包括转变研究方向、依附强力团队、拆分已有研究等措施。受此影响，个案教师的科研产出数量能够在短期内得到明显提升，帮助他们满足评价主义的量化指标要求，但也会明显损害个案教师的科研产出质量，是一种只能在短期内采用的注意力分配机制。对于从事应用研究的个体，通常会选择寻求与外部利益相关者开展合作型科研，以期满足政府、社会与行业的现实需求，其具体行为策略通常包括承接横向课题项目、创办产业实体、搭建产学研平台等。选择此类行为模式的个案教师其科研产出的数量将得到提升，且产出形式也将更为多元化，不仅能够帮助个体满足评价要求，也能为社会发展带来实际效益，看似能够实现一种双赢。但需要注意的是，当个体过度迎合外部利益相关者的需求后，将极大强化科研活动的学术资本主义属性，长此以往将弱化科学研究促进全人类知识增进的公共属性，转而受限于一种满足利益相关者的私有属性。

第五节　高校青年人才宏观系统层面的影响因素作用机制

宏观系统层面由制度结构因素构成了影响个案教师科研生产力的第四层影响机制。通过前文质性部分的分析，本书发现影响个案教师科研生产的制度结构因素主要包括研究生教育制度、科研评价制度与人才评价制度。在研究生教育制度方面，由于个案教师均隶属于自然科学与工程科学领域，研究团队的组建对开展科研活动十分重要，而硕博研究生作为研究团队的主要构成人员，对其身份的不同认知图式将为个案教师的科研生产活动带来影响。本书中的个案教师均认为研究生的第一重身份属性仍然是处在成长过程中的学生，无论将来是否以学术职业为追求，都能通过科研活动实现精神的训练与磨砺，从而实现研究生层次的培养目标。但在科研制度化的影响下，个案教师也会不自觉地在某种程度上将研究生群体视为研究团队中的组织人，或多或少地通过一些方式对其进行管理，以此保障团队的平稳运作。在这个过程中，培养和管理的张力将竞争个案教师的注意力资源，而当下的研究生教育制度也会从招生、培养过程、评价标准、师生关系等各方面影响个案教师的注意力分配机制，使之采取不同的行为模式。在科研评价制度与人才评价制度方面，个案教师作为拥有国家级人才头衔的青年学术精英群体，国家、社会、学科、组织都对他们有着高期待，希望他们通过项目制资助实现高层次的科技创新。然而在有限的资助期限中实现这一目标对个案教师而言颇具挑战性，加之高校组织在学术晋升方面的评价与考核要求，使得高层次的期待与短时期的要求成为影响个案教师科研活动的一对悖论。在本书中，个案高校×大更是将获得后续更高层次的国家级人才头衔作为预聘—长聘轨个案教师的学术晋升条件，进一步激化了科研评价、人才评价与个体学术生涯发展之间的矛盾，在很大程度上打断了个案教师开展高层次的科研活动所需的专注状态，使得个体不得不将注意力资源向评价主义指标倾斜。在这个过程中，人才评价制度的设立初衷也在一定程度上由培养功能异化为评价功能，偏离了制度层面对高层次青年人才的希冀。对个案教师而言，这种异化与偏离必将导致个体的注意力资源面临激烈竞争，使个体在科研产出的质与量、人才头衔的高与低之间陷入挣扎。综合上述三类制度结构因素，个案教师的注意力分配机制将依次受到影响，进而产生相应的科研行为模式。

第一，在研究生教育制度方面的注意力分配机制差异。在本书中，所有个案教师在以国家级人才头衔引进至个案高校时就已获得研究生导师资格，可以说他们在学术职业的起点就担负起了研究生培养的重责，是我国研究生教育制度中的核心行动主体之一。个案教师对研究生培养的认知大都基于自身的学术训练经历，其中有着较为明显的国际化特征，即效仿西方研究团队的组建、管理、培育等模式，将国际学术经验融入我国本土的研究生教育情境中，实现个体对制度自下而上的构建。例如，个案教师普遍采用组会制度作为研究生指导模式，通过较为固定的时空间隔形式，完成对研究生个体和团队的培养、反馈和评价，表现出一种持续性和动态性的培养特征。在这个过程中，不同的个案教师也会形成不同的研究生教育认知图式，进而将自身的注意力资源向不同方面倾斜。大部分个案教师将育人成才作为研究生教育的主要目标，希望通过数年的师生关系帮助研究生个体实现身心的成长与发展，使科研训练中培养的能力可以迁移至未来的工作生活。其中部分个案教师十分重视研究生培养的因材施教原则，他们会通过制定个性化学习计划、与学生一对一交流、关心学生日常生活等方式贯彻该原则，并希望借此构筑良好的师生关系。这种培育理念对个案教师的科研生产活动同样会产生影响，例如一位个案教师认为在科研方面要让学生自主探索，用心撰写论文，坚持出高质量的研究，而不能将学生当作不断产出的学术流水线工人。随着研究生教育的扩张，研究生招生数量激增，加之曾经的一对一或一对多的师徒制模式已不适应大科学时代的需求，因而基于导师或研究项目的团队化管理成为研究生教育的普遍形式。受此影响，个案教师的注意力将难以再倾斜给少数的研究生个体，转而需要为自身日渐庞大的研究团队负责。本书中的某位个案教师就面临着这种转变，他认为自己在学术职业初期亲自倾注心力指导的几位博士研究生不仅在学术方面取得了优异的成绩，在身心发展方面也实现了学校、老师和社会对其成才、成人的希冀。但随着个案教师学术职业生涯的发展，其逐渐形成了由硕士生、博士生、博士后、青年教师等构成的庞大学术团队，而对研究生的培养也转变为青年教师和博士后直接指导、个案教师统筹管理的模式。虽然个案教师认为团队教师或博士后对研究生的培育水准不尽如人意，但他也指出自己的身份已经转变为一位学术团队管理者,需要将维持和发展团队作为第一要务,而过量的学生人数使之难以重拾曾经单独指导、因材施教的培养模式。虽然这种团队式运作模式能够极大地增强个案教师的科研产出数量,但层级式的管理模式与相对疏离的师生关系同样会影响科研生产活动的沟通效率,进而影响科研产出成果的质量。

第二,在科研评价制度与人才培养制度方面的注意力分配机制差异。科研评价制度与人才评价制度虽然都是评价主义带来的产物,但两者之间存在本质差异。科研评价制度聚焦科研项目与产出成果,通过科研质量、数量来评价学术职业个体或组织机构科研水平,其根本状态更像一种基于过去式的制度选择。人才评价制度则反之,虽然也需要通过已有的科研成果衡量候选者的学术水平,但制度的根本出发点是通过设立不同层级的人才头衔实现对入选者的支持和激励,同时在更高水平发挥示范引领作用,旨在通过以点带面的方式推进高层次人才体系建设,因而是一种更加偏向未来式的制度选择。随着我国高等教育规模的壮大,各类评价制度已成为筛选学术职业群体的有效手段,科研评价制度也逐渐成为直接关乎个体学术晋升的准绳。而在本书的个案高校×大中,预聘—长聘制轨道的学术晋升不仅受到科研评价制度影响,而且与人才评价制度直接捆绑,使得两类制度在本书中出现了共谋的状况。受此影响,本书中个案教师的学术职业生涯发展会面临巨大的制度压力。在科研评价制度方面,一如前文所述,个案教师需要在发表数量和发表质量之间分配注意力资源,这种情况可能会随着破“五唯”的逐步推广而有所改变。但在人才评价制度方面,个案教师对人才称号的追求受到学术晋升影响而由主动转为被动。在×大开始高校教师聘任制改革之前,人才头衔是对教师个体及其所在组织学术成就的一种肯定,且不与学术晋升直接相关,使得教师个体在追求人才称号的过程中能够极大地发挥能动性。但在×大正式施行预聘—长聘制的当下,争取人才头衔是本书中尚未获得学术晋升的个案教师必须迈过的一道关卡,这使得人才评价制度对学术职业个体的着眼点由支持功能异化为筛选功能,导致个案教师追求人才头衔的出发点由内在认同转向外部强求,有着很明显的被动性。本书中大部分个案教师在提及后续学术生涯发展时都将争取更高一级的人才头衔作为首要挑战,其中部分教师认为,随着人才头衔层级的增高,参选者的学术职级职称也会越来越高,基于参选个体层面之外的关系层面、组织层面、学科层面之间的竞争也会越来越激烈。而×大学的学术晋升又要求尚处在较低职级职称的个案教师参评人才项目，导致了一种获取头衔和学术晋升之间的悖论，即尚未获得充足组织支持的个体缺乏竞争高层次人才项目的综合实力，而作为组织支持重要表现形式之一的学术晋升又必须以获得更高层次人才头衔为前提，如此往复将使个案教师陷入无解的循环之中。受此影响，个案教师的科研生产活动也将进行相应调整，例如一部分个案教师会更加重视科研产出的质量提升，以此作为人才头衔竞争的实力象征；另一部分个案教师则会主动寻求扩大学术社会网络的方法，希望通过提升学术社会资本的方式增加科研合作，进而提升科研产出的质与量。即使如此，个案教师的科研活动依然在很大程度上受到这两类评价制度的掣肘，其能动性在制度争夺注意力资源的过程中会不可避免地受损，这并非真正提升科研生产力的长久之计。

通过对各层级学术生态系统注意力分配机制的具体分析，本书探讨了在具体研究情境中个案教师对科研生产活动的认知图式及其采取的行为模式，并以此分析影响个体科研生产力诸多因素的作用机制。总体来看，影响个案教师注意力分配机制的因素可分为内部因素与外部因素两大类型。内部因素可被认为是个体在长时间学术训练中形成的学术理念的具体表现，外部因素则更多地来自管理主义、评价主义与绩效主义对高等教育与科学研究的渗透。在内外部因素相互争夺注意力资源的过程中，无论坚守内心理念还是顺应外界要求，本书中的个案教师都能够在不同方面提升自身的科研生产力。虽然选择不同认知和行为模式的个体对科研生产力的侧重点不同，但个案教师作为我国学术金字塔顶层的青年学术精英群体，拥有扎实的科研功底和开阔的学术视野，无论选择哪种注意力分配机制都能在科研生产方面成为佼佼者，但科研生产力并非学术职业的一切，更非青年学术精英需要分配过多注意力资源所关注的焦点。若真正从国家或个体角度出发，可以发现双方对科研活动都有着更为宏大与长远的期望。对国家而言，花费大量资源引进和培育青年学术精英的主要目的在于为我国科技发展和高等教育发展事业储备高层次人才梯队，进而通过他们的聪明才智实现科教兴国战略；对个体而言，谁没有一番为促进国家、产业、教育、社会发展的雄心壮志！学成归国正是为了实现这一崇高目标。因此高层次的科学研究成为国家和个体共同实现各自目标期许的形式，双方可以围绕科研过程共同努力，互相促进。值得反思的是，本书中的个案教师或多或少都囿于外部因素对科研活动的要求，无法将注意力完全分配给能够发挥自身学术理念的认知与行动模式，而这种“为稻粱谋"的无奈又会侵蚀个案教师在学术生涯发展过程中的能动性，导致个体无法聚焦需要长时间探索且充满风险的高深科学问题。在这个过程中，若将科研生产力视为学术职业的生命，那必将导致顾此失彼的学术发展窘境。本书对青年引进人才科研生产力的影响因素及其作用机制的研究一方面或能稍解"科研生产力之谜"，另一方面也希望能够为相关群体反思当下科研生产制度所存在的问题提供启发，为后续研究的开展奠定基础。

第七章　政策建议

第一节　优化青年人才引进机制

高校是青年人才引进的主体，近年来，我国“双一流”高校在吸引优质人才回流方面取得了良好成效。然而，由于人才政策出台时间短，政策效果周期长，人才引进投资大等原因，青年人才引进机制在实际工作中仍存在一些问题，导致一些学校人才引进政策的实施效果不如人意。因此，高校应持续完善顶层设计，制定科学、合理、可持续的青年人才引进方案，优化青年人才引进机制，统筹引进人才和本土人才协调发展，发挥各方优势，凝聚内外科研合力，提高青年人才的科研生产力，以此推动我国科研事业创新发展。

首先，高校应实现引才理念从“学术资本主义”到“学术本位”的转变。青年拔尖人才稀缺、竞争激烈，在人才争夺战日益白热化的背景下，各大高校纷纷出台优惠政策，不计成本、不惜代价地引才、挖才，高层次人才的“商品化”就是突出表现之一。对青年人才进行“明码标价”，虽然可以在一定程度上提醒高校重视人才的作用和价值，促进学科与专业建设，但也会形成不良的竞争氛围，致使部分青年人才好高骛远、急功近利，破坏学术风气，恶化学术生态，对青年人才的科研产出产生不利影响，对青年人才学术事业的长远发展造成阻碍。过度“资本化”的引才理念加剧了青年人才的利己主义和学术的功利主义，导致学术研究的工具理性凸显，“学术资本主义”盛行而“学术本位”受到挑战，违背了科学研究的本质与高等教育内涵式发展的要求（郭书剑、王建华，2017）。因此，高校需要主动承担责任，转变人才引进理念，遏制青年人才引进中的“学术资本主义”倾向，摒弃跟风、随大流、盲目攀比“人才头衔”的做法，重视学术本身而非头衔与地位，培育良性的学术生态，塑造良好的科研价值，扭转引才理念，从“学术资本主义”向“学术本位”转变，为开展科研活动提供环境，保障人才及高校的可持续发展。

其次，高校应调整引才政策，按需引进青年人才，注重资源合理分配。高校应该明确青年人才引进和师资队伍建设的目标及任务，重视顶层设计，从整体上对人才引进的情况进行把握与统筹，提高引才政策的产出效益与效率。学科之间如何分配，学位点建设有何需求，相关资源如何分配利用，均为高校应该考虑与解决的重点问题。一是制定科学合理的引才政策，确立公平有效的人才衡量标准，强调科研水平及学术能力，看重创新能力与个人精神，不唯出身和血缘，将人才做出的实际贡献作为引进的核心价值导向与衡量标准（李艳，张进平，2019）；二是控制人才数量，坚持“以用为本”的原则，按需引进青年人才，防范陷入“需求大、人才稀缺”或“需求小，人才扎堆”的“怪圈”；三是注重校、院各级资源的有效调配，最大程度地将人才与资源进行匹配，实现资源效益最大化，警惕某些院系资金冗余而某些院系资金不足难以周转等“马太效应”的发生，最大程度上降低可能由资源分配问题造成的负面影响，如青年引进人才的科研生产力下降甚至人才流失等。此外，关注人才引进政策的实施情况及产出效果，根据现实反馈适时进行动态调整，进而更好地吸引和留住青年人才，帮助其平稳过渡。

再次，高校应革新引才方式，重视团体引进模式，提高科研生产整体水平。高校在人才引进方式上应灵活多样，避免一成不变，为提高青年人才科研能力、形成整体科研生产合力、催生优质科研成果提供条件。近年来，青年引进人才规模不断扩大，但受成本、操作和风险等因素的影响，仍旧以“个人引进”为主，“团体引进”模式较为少见（郭柏林、鲁世林，2019）。一方面增加了青年人才“孤军作战”的压力，另一方面提高了组建科研团队与磨合适应的时间成本，科研产出的质量和时效均难以保证。因此，迫切需要改革人才引进方式，促成团队合作，提高整体科研水平。一是尝试短期引进与长期引进相结合，根据人才类型进行灵活配置，并且建立相应的退出机制，为青年人才减轻生存压力继而专心投入科研扫除后顾之忧；二是加强对高水平、成熟化的科研团队的引进，将个体与团体引进相结合，建立较为系统完整的引才模式。在一个稳定的团队中，青年人才既可以与团队成员相互支持与鼓励，缓解孤独情绪与心理压力，又可以较为快速地进入科研状态，投入科研工作，降低沉没成本，提高产出的质量和效率，实现个人、团队、学科、知识的协同发展。

最后，完善高校治理，深化人才政策供给改革。近年来，我国各项人才引进政策在吸引优质人才回流、推进人才队伍建设、加快高校内涵式发展和提高高校办学水平等方面发挥着重要作用。同时，各项人才政策也存在着"重引才轻育才""重物质轻精神""重硬件轻软件"和"重短期轻长远"等诸多问题。未来的人才引进政策供给改革应该在充分完善高校内外部治理环境的基础上，结合青年引进人才对工作自主性、研究方向匹配度、科研合作氛围以及学术共同体内部成熟的认可机制等各方面软件因素的需求，将人才政策的改革重心由重视物质性的短期投入向重视青年人才学术职业发展软环境建设的大方向转变，在此基础上充分激发人才政策的产出效益和效率。

第二节 优化青年人才培育体制

青年人才引进之后，更为重要的是对其进行科学合理、有序高效的管理与培养，营造良性健康的学术氛围，提供完备的软、硬件设施，保障青年人才能够逐步明晰研究方向，积累学术资本，提高科研能力，并在此基础上催生优质的科研成果。反之，与人才政策不相配套的管理体制，不够规范、不够完善的管理机制，会对青年引进人才的成长和发展造成阻碍，不利于学术资本的持续性累积与科研成果的创造性产出。需要明确的是，对青年引进人才的学术发展管理，也要遵循 PDCA 管理循环理论，包括计划、执行、检查、处理四个阶段，每通过一次 PDCA 循环（plan，do，check and act，动态循环的管理模式），都应及时总结，推广成功的经验，反思失败的教训，并在下一次循环中进行修正和调整，不断提高高校的管理水平（Moen & Norman，2006）。

青年引进人才刚入职的几年是科研活动和职业生涯的关键期，是精神最为饱满、创造力最为鼎盛的时期，却往往面临学术发展的诸多现实困境，如组织支持有限、角色定位不够明确、物质资源受限、心理需求难以满足、学术发展规划缺乏指导等（孙祎、陈晓芳、潘青等，2019）。在高校"双一流"建设的竞争态势下，引进人才尤其是青年引进人才的高人力资本回报率，是高校转型创新发展的重要驱动力（许日华、乐传永，2017）。因此，高校作为引进人才学术创新与科研产出的重要场域，理应满足其学术职业发展的合理需求，为其提供充分的支持与引导,促进青年引进人才科研生产力的持续提升。

首先,高校应明确管理主体,实施分类管理,提高青年引进人才信息化管理水平。青年引进人才在入职初期,常常会面临工作与生活、教学与科研、身体与心理等多重压力。因此,高校应该对人才引进之后的管理更加重视,构建科学高效的管理模式,防止因管理缺失和管理不当造成青年人才的学术"夭折",对科研生产力产生负面影响。一是高校应该明晰学校、学院、青年人才自身三者的权利与责任边界,明确学院在青年人才引进、管理与培养全过程中的主体地位,保障学院"自主用人""自主分配"的权利。同时,确保学院具有相应程度的考核与激励青年引进人才的自主权,尊重基层学术组织的管理,发挥组织氛围的正向激励作用,激发青年引进人才及其科研团队的研究动力,促进高质量科研成果的产出。二是尊重青年引进人才的多样性特征,对其实施分类管理。科研活动的复杂性与引进人才学术发展的异质性,决定了引进人才在科研实践中必然会呈现出多元化的价值取向与行为表现(许日华、乐传永,2017)。因此,高校应提高管理服务意识,践行以人为本的管理理念,遵循学术职业发展规律,设计科学合理的岗位分类,完善引进人才分类管理与分类评价机制,帮助青年人才实现个性化发展,增强科研人才的独特创造力与核心竞争力。三是完善信息化管理系统,避免"行政化"管理流程,提高信息化管理水平。充足的时间与精力投入是优质科研产出的基础,因此,从学校层面自上而下地简化行政审批与管理流程,避免对引进人才时间、精力的过度占用,提高其组织与工作满意度,有利于引进人才更高效、积极、主动地投入科研活动和学术创新。信息化管理系统的完善与管理水平的提高,是高校简化行政流程、提高行政效率的重要途径,例如优化教学管理系统、科研管理系统、人事管理系统,维护出国审批、财务管理等门户网站,建立不同系统与不同网站之间的数据连接与信息共享,为引进人才的工作及发展提供便捷的服务。

其次,高校应注重营造良好的组织氛围,夯实合作平台,关注青年引进人才的精神诉求。在科学高效管理的同时,高校要尽可能地为青年引进人才提供进行科研工作需要的支持环境和支撑条件,保障坚实的物质基础,并加大对青年人才精神与心理层面需求的关注。加强高校科研支持系统建设,硬资源与软环境"两手抓",双管齐下,保障青年人才科研工作的正常推进,激励产生更大的效能,最大程度地发挥引进人才的科研生产力与创造力。

一是学校、学院、系所应该自上而下地营造一种良性健康、充满活力的科研生态环境，营造积极参与、主动创新的科研氛围，注重深度合作与良性竞争风气的培养，促进良好人际关系的建立，提高组织内部的沟通有效性。激发青年引进人才形成正向的科研学术情感体验，唤醒其对本职工作的责任与激情，带动青年人才潜心学术，为产出优质科研成果提供可能。二是高校应夯实合作平台，促进资源整合。为了帮助青年引进人才克服对国内学术范式与科研氛围的不适应，使其更好地融入本土的学术网络，高校应搭建国内外学术沟通平台，促进青年引进人才与本土研究人员在学科、项目和政策等方面的深入交流和资源共享，在建立本土关系网络的同时，扩宽与国内学者的合作渠道，加快学术资本的积累速度。同时，巩固国际合作资源，帮助青年引进人才降低因地理空间距离而提高的沟通成本，减小维持海外关系网络的难度。帮助青年引进人才缩小交易成本，凝聚共同目标，达成合作共识，从而降低创新过程中缄默知识的转移成本，提高知识转移效率(Rost,2011)。这对促进知识扩散，增强科研产出影响力，提升学者及高校科研国际化水平至关重要。三是加大对青年引进人才价值契合层面的投入，满足其合理的精神诉求与心理需求。马克思·韦伯在揭示学术职业的多重特性时，认为"以学术为业"的职业生涯既包括物质需求，也包括在学术工作中产生的精神诉求(许日华、乐传永,2017)。高校应关注引进人才精神层面的发展和需求，特别是加强对引进人才的心理支持，与其进行良好的精神层面的互动，建立和谐的心理契约，增强引进人才的凝聚力与归属感，缓解其紧张焦虑的情绪，避免过大压力对身心发展造成的不利影响。高校应帮助青年引进人才提升科研主动性及工作效能感，从而有效激发积极心理特质对科研生产力的正向影响，推进科研工作"提质增效"。

最后，高校应扩展培养对象，采取多元方式，健全青年引进人才培养机制。青年人才在被引进之后，处于学术职业发展的初级阶段，高校应重视内部人才培养，完善青年引进人才培养机制，根植本土环境，借助校内外多种平台，采取一定的扶植政策和具体措施，鼓励青年人才寻求个人学术发展的新增长点。通过多元化培养促进青年人才的持续学习与强化，提升其科研学术能力，催生卓越的科研成果。一是面向所有的青年引进人才制定适合学术发展各层次、各阶段的培养方案。现阶段，高校的培养项目与培育工程主要针对少部分高层次人才或少数优秀青年教师，并且未能涵盖学术职业发展的全过程(张伟、张茂聪,2020)。鉴于引进人才的特殊性与科研工作的复杂性,高校应扩展培养对象,提供学术进修与学习的机会,鼓励青年引进人才积极主动地提升自我,保持旺盛的学术生命力,助力引进人才实现科研产出的突破与创新。二是采取多元化培养方式,帮助青年引进人才进行学术资本累积,加快其科研成长的步伐。坚持“引进来”与“走出去”紧密结合,除校内常规培育项目外,积极探索联合培养等形式。另外,搭建多学科学习平台,鼓励引进人才进行跨学科的科研合作,促进不同领域专业知识的融会贯通与学科思维的交叉碰撞,侧重交叉学科的人才培养,拓宽青年引进人才的学术训练与能力提升渠道。三是完善学校、学院、系所三位一体的人才培养机制。无论是岗前培训、入职培训,还是青年引进人才学术发展过程中的各类培训,都应该由相应主体组织、实施并进行监督、落实、评价、反馈。高校应明确各个主体的对应职责,落实各个层面的培养方案。校、院、系各守其位、各司其职,将宏观层面的指引指导与具体可行、有针对性的举措相结合,健全人才成长机制,打造青年引进人才科研生产与高校转型创新发展的强劲引擎。

第三节　健全青年引进人才评价体系

对青年引进人才进行科学合理的考核与评估,不仅是促进引进人才自身发展与科研产出的必然要求,还是高校彰显价值和国家科技进步的必经途径(刘霄,2020)。当前,我国高校教师科研生产力评价仍陷于过度推崇量化、过度攀比产出的“怪圈”,“五唯”评价的后果是“高产”对“优产”的挤出,是“机械”对“创新”的挤占,这一现象背后反映出了更深层次的在评价理念、标准、方法、机制等方面的存在诸多问题,教师科研产出及能力难以被真正有效地衡量,科研工作难以得到真正有效的支持与肯定。在新公共管理视野下的人力资本时代,以绩效为导向的考评方法可以在一定程度上提高人力资源效能,但长此以往其弊端也显而易见。这体现在引进人才及其学术工作方面,过度的绩效导向及持续反馈,往往会加剧青年教师的职业倦怠,延长职业瓶颈期,降低科研产出效率(李璐,2017)。因此,高校应遵循人才成长与学术发展的客观规律,不断完善引进人才的科研评价体制机制,逐步纳入多元评价主体,采取多样化的评价方式,弥补考核评估之后配套的激励措施与流转渠道缺失的漏洞，稳固人才引进与管理培育的成效，延续青年引进人才的学术生命，有效提升其科研生产力与创造力。

首先，高校应扩充评价主体，全面考虑利益相关者，注重引进人才自我评估。第四代评估理论认为，传统上将利益相关者的主张、焦虑和争议等评估要素排斥在外的评价方式失之偏颇，将青年引进人才的发展诉求排斥在外的"客体化"考核方式不仅容易引发个体持续的精神紧张与焦虑，还有可能导致学术职业的信任危机（古贝、林肯，2008）。一是评价主体应由少数专家评审委员向利益相关者共同体转变。单一评价主体的片面性与主观性，无法保证评价结果的完整、客观与公正。因此，无论是科研成果的创造者还是使用者，即学者本人、成果享用者、结果阅读者、研究对象等，都应该成为引进人才科研产出评价的重要组成部分。二是尤其重视青年引进人才的自我评估。包括与过去的自我进行比较，与身处同阶段的同行进行比较，与自己的未来规划相比较等。这种自我参照性评价更有利于引进人才明晰自己的进步与不足，便于及时、有效地进行调整，转换状态并更好地投入科研工作。

其次，高校应革新评价方式，破除"五唯"导向，推进分类评价改革。由于量化评价具有省时、易操作等特征，计量性考核，尤其以"以刊代评"为代表的数字化考核成为国内高校科研评价的主流。然而，这也是青年人才科研能力被束缚的重要原因之一。根据美国著名评价学家古贝和林肯对四个评估时代的划分，过度依赖量化的考核和评估，仍停留在第一代传统测量时代和第二代目标描述时代，高校科研评价改革刻不容缓（古贝、林肯，2008）。一是扭转"五唯"倾向，坚持以能力、质量和贡献评价人才。尽管已有众多"破唯"政策陆续发布，但高校层面具体化的、可操作性的"破唯"考核方案尚不完善。"非升即走""末位淘汰"等外界压力导致部分引进人才专注于科研产出数量的同时，限制了科研人才的探索欲与创造力。高校应主动担当起科研评价的主体责任，扭转过度看重"量"的局面，破除对青年引进人才"学术功力"的束缚，将考核方向转变为"质"与"新"的标准。与此同时，适时延长青年人才引进的首聘期限，消除青年引进人才为了短期快速产出科研成果，以防被淘汰而产生的焦虑感。适当放宽年度考核的要求，为青年引进人才潜心科研，打造"高含金量"的科研产出提供条件，尤其关注从事基础性、原创性研究的科研人员。二是彰显评价体系的中国特色，警惕学术自我殖民化。虽然要破除"唯论文""唯奖项"等，但并非"去论文""去奖项"，高质量的论文和奖项是科研成果的重要证明之一。需要注意的是，如果把国际指标作为科研评价考核的主导标尺，则会严重阻碍科研本土化(尹木子，2020)。因此，国内高校应转变思维，摒弃“西方优越”的思想，寻求符合中国现代化趋势，带有自身特色的可行方案，为建立被世界认可的中国标准做出努力。三是分层分类评价，过程考核与结果考核并重。高校要对评价标准和评价对象进行分层分类，细化分类考核评估的指标。对不同学科的引进人才遵循不同的评价标准；对引进人才发展的不同阶段提出不同的要求，既注重过程性评价，也注重结果性评价，建立综合、公正、动态化、可操作化的分类评价体系。

最后，高校应完善考核后续，采取激励措施，建立流转退出机制。评价与考核本身不是目的，对青年引进人才的科研工作进行定期的考查与审核，推动与激励青年引进人才与高校共同发展，起到监督实施与促进改正作用才是评价的重要任务(李艳、张进平，2019)。当前，高校的科研产出评价更多属于“验收”性质，其结果往往也是“一锤定音”。高校应逐步完善评价后续的配套工作，以进一步发挥人才评价考核制度的优势和作用，鼓励科研产出，推动科研进步。一是营造激励环境，采取多样的激励措施。除给予最基本的物质激励外，更要满足青年引进人才安全与归属、尊重与实现的需求。积极提供社会保障，联结情感价值，保障各方权益，形成正向激励效应，打造惜才爱才的人才队伍建设局面，调动引进人才的科研积极性与主动性，从而产生更大的激励效能。二是建立岗位流转与人才退出机制，合理用才留才。高校应对青年引进人才进行创新性考核与管理，结合聘期考核结果，建立流通机制，减少人才引进、管理、培养的损失，努力实现“人尽其才，才尽其用”，通过人才的有序流动提高人力资源效率，促进科研生产力的整体提升与高精尖领域的创新发展。

第四节　激发青年引进人才的个体能动性

首先，青年引进人才应坚定学术信念，积极投身科研，以期更好地激发人才政策的政策效应。高质量的科研产出很大程度上依赖于个人的投入与努力，每位青年引进人才要专注在提高个人研究能力和科研素养上，切忌满足于人才头衔的优越感，导致自己与同辈群体和学校环境脱离；要主动将学术理想与实际行动结合在一起,从本质上提高自己的科研能力,并且带领团队产出优质的科研成果。其次,青年引进人才应维持自身较高水平的科研兴趣,为科研创新奠定基础。丰富的兴趣能够使科研活动最大程度地减少内外部制约因素的消极影响,并促进青年引进人才不断攻坚克难,攀登科研高峰。青年引进人才在回国之前,已经在国外受到了浓厚的学术熏陶,接受了较高水平的、较为系统的科研训练,在此过程中逐步明晰了自己的研究方向,积累了自我的科研学术兴趣。回国之后,一方面要坚持自我兴趣,不断地自我输入和积累,继续发挥优势。另一方面更要融入本土背景,关注国计民生,结合学科经验,解决实践需要,发展新的科研兴趣点。结合国外所学与国内环境,找寻本土语境下的"真问题",利用自身学术专长产出有利于国家、社会、学科和人民的成果,切实提高我国科技发展水平。再次,青年引进人才应加强思维训练,提升创新水平。通过加强创新思维训练,有利于扩大研究范围,拓展研究深度,把握问题本质,提供更多发现问题的契机,提出更多解决问题的办法,从而创造性地解决科研活动中的新题和难题。青年引进人才应该将科研活动与创新思维相结合,在日常科研活动中锻炼思维的严谨性与敏锐性;培养问题意识;结合逻辑思维和非逻辑思维,发展创新思维水平,提高创新能力,注重科研成果的后续转化、应用与发展,提高科研产出的效率和质量,彰显科研活动的意义与价值。最后,青年引进人才本人的学术能力,尤其是敏锐捕捉和追踪国际科研新方向的能力,是能否产出世界公认的优质科研成果的重要因素。尽管在科研生产力的衡量上"量""质"并重,但真正能对国家社会变迁、学科建设发展产生深刻影响的,还是具有创新意义的、紧密贴合前沿热点与解决现实困境的理论或实践研究,而非对旧有成果的反复"验证"与不断"跟跑"。与完全在本土成长和发展的青年学者不同,青年引进人才具有得天独厚的优势,更应聚焦国际前沿,时刻关注科研发展动向,加强国际交流,促成国际科研合作,合理利用国内国外两手资源,从而带领团队为取得从"0"到"1"的突破性成果打好基础,有效地提高科研产出的质量。

参考文献

[1]埃贡·G.古贝,伊冯娜·S.林肯.第四代评估[M].秦霖,译.北京:中国人民大学出版社,2008:15.

[2]鲍威,金红昊,田明周.我国研究型大学教师队伍年龄结构与科研产出的关系[J].高等教育研究,2020,41(05):54-62.

[3]伯顿·克拉克.高等教育系统——学术组织的跨国研究[M].王承绪,徐辉,殷企平,等译.杭州:杭州大学出版社,1994:17-120.

[4]伯顿·克拉克.高等教育新论[M].王承绪,徐辉,张民选,等译.杭州:浙江教育出版社,1998:119.

[5]曹镇玺,周文辉.制度环境变革、合法性重构与大学学科组织再制度化——基于清华大学美术学院成立的个案研究[J].清华大学教育研究,2020,41(05):136-144.

[6]陈艾华.研究型大学跨学科科研生产力研究[D].杭州:浙江大学博士学位论文,2011:21.

[7]陈昌贵,高兰英.为什么回国与回国后怎么样——对471位回国人员的调查研究[J].中国高等教育,2000(13):46-49.

[8]陈海燕.人才强校战略与地方高校师资队伍建设研究[J].中国成人教育,2010(24):59-62.

[9]陈恢忠.市场过渡期中国大城市居民职业地位获致中的先赋因素与自致因素[J].管理世界,2005(01):70-76.

[10]陈向明.从"合法的边缘性参与"看初学者的学习困境[J].全球教育展望,2013,42(12):3-10.

[11]陈向明.质的研究方法与社会科学研究[M].北京:教育科学出版社,2000.

[12]程建坤，陈婧．教育实证研究：历程、现状和走向[J]．华东师范大学学报(教育科学版)，2017，35(03)：150-158＋174．

[13]德里克·比奇，拉斯穆斯·布伦·佩德森．过程追踪法：基本原理与指导方针[M]．汪卫华，译．上海：格致出版社，2020．

[14]邸峰．从人力资源管理谈高校人才引进工作[J]．人力资源管理，2012(02)：98-99．

[15]方阳春．工作压力和社会支持对高校教师绩效的影响[J]．科研管理，2013，34(05)：30-32．

[16]嘎日达．方法的争论——关于质的研究与量的研究之争的方法论考察[M]．北京：文津出版社，2008：2．

[17]顾海波，赵越．高校科研评价规则变革问题研究[J]．科研管理，2017，38(08)：126-133．

[18]顾剑秀，裴蓓，罗英姿．研究型大学职称晋升评价制度对教师行为选择的影响——兼论大学教师发展模型的构建[J]．中国高教研究，2020(07)：66-72．

[19]顾远东，周文莉，彭纪生．组织支持感对研发人员创新行为的影响机制研究[J]．管理科学，2014，27(01)：109-119．

[20]郭柏林，鲁世林．"双一流"背景下高校人才引进政策特点、问题与对策——基于六所部属师范院校的分析[J]．研究生教育研究，2019(05)：76-82．

[21]郭创拓．科研宽容制度改革法治化的困境及其破解之道[J]．法学论坛，2020，35(06)：67-74．

[22]郭卉，姚源．中国青年学术精英生成中的资质与资本因素影响探究——基于生物学科教师的调查[J]．高等教育研究，2019，40(10)：46-58．

[23]郭书剑，王建华．"双一流"建设背景下我国大学高层次人才引进政策分析[J]．现代大学教育，2017(04)：82-90＋112-113．

[24]国务院新闻办公室．习近平在中国科学院第二十次院士大会、中国工程院第十五次院士大会、中国科协第十次全国代表大会上的讲话[EB/OL]．(2021-05-28)[2022-02-15]．http://www.scio.gov.cn/tt/xjp/Document/1705147/1705147.htm．

[25]郭玉清，夏文菁．开放教育视野下的高等教育生态研究发展分析[J]．中国

电化教育,2016(08):33-40.

[26]哈巍,于佳鑫.辅助人员对科研生产力的影响——以中国科学院为例[J].华东师范大学学报(教育科学版),2019,37(01):83-94+168.

[27]胡建华.知识学科与组织学科的关系分析[J].高等教育研究,2020,41(05):25-30.

[28]胡咏梅,段鹏阳,梁文艳.效率和生产率方法在高校科研评价中的应用[J].北京大学教育评论,2012,10(03):57-72+189.

[29]黄海刚,连洁.海外经历会影响大学高层次人才流动吗?[J].教育与经济,2019(06):63-71.

[30]黄海刚,连洁.职业流动提升了科学家的科研生产力吗?[J].清华大学教育研究,2020,41(05):127-135.

[31]黄海刚,曲越.中国高端人才政策的生成逻辑与战略转型:1978—2017[J].华中师范大学学报(人文社会科学版),2018,57(04):181-192.

[32]黄建雄,卢晓梅.高校教师队伍学缘结构的三重特征及其优化[J].江苏高教,2011(05):41-43.

[33]黄亚婷.竞技与发表:高校青年引进人才科研生产力的影响因素研究[J].国家教育行政学院学报,2021(02):76-85.

[34]黄亚婷.聘任制改革背景下我国大学教师的学术身份建构——两所研究型大学的个案研究[M].杭州:浙江大学出版社,2019:68.

[35]加里·格尔茨,詹姆斯·马奥尼.两种传承社会科学中的定性与定量研究[M].刘军,译.上海:格致出版社,2016.

[36]蒋逸民.作为“第三次方法论运动”的混合方法研究[J].浙江社会科学,2009,10(10):27-37+125-126.

[37]孔阳,何伟军,覃朝晖,等.中国西部大开发政策净效应评估[J].统计与决策,2018(24):91-95.

[38]蓝秋香,林荣日.省(市)属高校海外引进人才生存状态调查——基于上海10所市属高校的调研[J].重庆高教研究,2016(03):27-35.

[39]李璐.组织气氛对高校教师科研生产力的影响——基于中国28所公立高校的调查[J].教育学术月刊,2017(08):41-49.

[40]李猛力,徐建辉,王璐,等.科技人才规模、结构及流动情况的调查分析——以中国科学院为例[J].中国科学院院刊,2011,26(02):160-170.

[41]李文聪,何静,董纪昌.国际合作与海外经历对科研人员论文质量的影响——以生命科学为例[J].管理评论,2018,30(11):68-75.

[42]李潇潇,左玥,沈文钦.谁获得了精英大学的教职——基于北大、清华2011—2017年新任教师的履历分析[J].中国高教研究,2018(08):47-52.

[43]李艳,张进平."双一流"建设中高层次人才的引进与管理[J].中国高校科技,2019(12):20-23.

[44]李永刚.我国研究生教育规模扩张的动力、影响与发展方略[J].中国高教研究,2021(02):77-83.

[45]练宏.注意力分配——基于跨学科视角的理论述评[J].社会学研究,2015,30(04):215-241+246.

[46]梁文艳,刘金娟,王玮玮.研究型大学教师科研合作与科研生产力——以北京师范大学教育学部为例[J].教师教育研究,2015,27(04):31-39.

[47]梁文艳,周晔馨,于洪霞.社会资本与大学教师学术创新能力研究[J].经济研究,2019,54(11):133-148.

[48]梁文艳,周晔馨.社会资本、合作与"科研生产力之谜"——基于中国研究型大学教师的经验分析[J].北京大学教育评论,2016,14(02):133-156.

[49]林聚任.科学界性别分化研究介绍[J].妇女研究论丛,1997(02):49-53.

[50]林聚任.论中国科学界的性别分化与性别隔离[J].科学学研究,2000(01):97-112.

[51]刘大椿.人文社会科学评价的限制与超越[J].中国人民大学学报,2007(02):149-156.

[52]刘道玉.必须遏制大学教师队伍的近亲繁殖[J].高等教育研究,2006(11):56-59.

[53]刘国权.高校教师社会资本对课题制科研的作用机理研究[J].江西师范大学学报(哲学社会科学版),2018,51(06):103-107.

[54]刘浩,钱民辉.谁获得了教育——中国教育获得影响因素研究述评[J].高等教育研究,2015,36(08):9-19.

[55]刘宏元.努力为青年人创造平等的受教育机会——武汉大学1995级新生状况调查[J].青年研究,1996(04):7-11.

[56]刘进,沈红.大学教师流动影响因素研究的文献述评——语义、历史与当代考察[J].现代大学教育,2015(03):78-85.

[57]刘靖东,钟伯光,姒刚彦. 自我决定理论在中国人人群的应用[J]. 心理科学进展,2013,21(10):1803-1813.

[58]刘精明. 教育选择方式及其后果[J]. 中国人民大学学报,2004(01):64-71.

[59]刘精明. 中国基础教育领域中的机会不平等及其变化[J]. 中国社会科学,2008(05):101-116+206-207.

[60]刘梦星,张红. 高校科研评价的问题、走向与改革策略[J]. 高校教育管理,2021,15(01):117-124.

[61]刘琴,高众. 新一轮"双一流"建设的坚持与选择——专访全国人大常委会委员、教科文卫委员会副主任委员,中国高等教育学会会长杜玉波[EB/OL]. (2022-02-15)[2022-02-16]. http://paper. jyb. cn/zgjyb/html/2022-02/15/content_605451. html.

[62]刘霄. 谁左右了高校教师的教学、科研选择——基于"能力"的认知而非"功利"的取向[J]. 中国高教研究,2020(03):57-64.

[63]刘小强,蒋喜锋. 从自由的学科建设走向有组织的学科建设——知识转型背景下一流学科建设的转向[J]. 苏州大学学报(教育科学版),2020,8(02):32-40.

[64]刘小强,蒋喜锋. 论世界一流大学建设的"学科模式"和"中心模式"——"双一流"首轮建设期满之际的反思[J]. 中国高教研究,2020(10):27-33.

[65]刘新民,俞会新. 高校青年教师科研压力对科研绩效的影响研究——基于认知评价视角[J]. 北京社会科学,2018(10):76-98.

[66]刘永林,周海涛. "双一流"建设下人才引进的"四个度"[J]. 研究生教育研究,2018(04):66-69.

[67]刘云,杨芳娟. 我国高端科技人才计划资助科研产出特征分析[J]. 科研管理,2017,38(S1):610-622.

[68]刘智强,邓传军,廖建桥,等. 组织支持、地位认知与员工创新:雇佣多样性视角[J]. 管理科学学报,2015,18(10):80-94.

[69]娄雨,毛君. 谁会成为研究者?——从"逃离科研"看博士生为何选择或放弃科研工作[J]. 教育学术月刊,2017(06):73-80.

[70]芦艳. 如何规避学科组织分化的失范现象[J]. 江苏高教,2019(08):15-20.

[71]罗家才.自为之抑或他驱之:大学高层次人才引进误区再解读——基于组织分析理论的视角[J].江苏高教,2017(05):9-14.

[72]迈克尔·吉本斯,卡米耶·利摩日,黑尔佳·诺沃提尼,等.知识生产的新模式:当代社会科学与研究的动力学[M].陈洪捷,沈文钦,译.北京:北京大学出版社,2011:7.

[73]孟东方,李志.学生父亲职业与高等学校专业选择关系的研究[J].青年研究,1996(11):24-29.

[74]孟照海,刘贵华.教育科研评价如何走出困局[J].教育研究,2020,41(10):11-22.

[75]默顿.科学社会学(下册)[M].鲁旭东,林聚任,译.北京:商务印书馆,2003:681-766.

[76]彭玉生.社会科学中的因果分析[J].社会学研究,2011,26(03):1-32+243.

[77]乔锦忠,陈秀凤,张美琦.高等教育经历、早期工作经历、首篇论文对高层次人才"蛰伏期"的影响研究[J].学位与研究生教育,2020(02):44-53.

[78]饶毅.有效发挥人才计划在科学领域的常规作用[J].中国人才,2013(11):52-53.

[79]沈文钦.国际学术流动与中国大学的发展:逆全球化趋势下的历史审视[J].北京大学教育评论,2020,18(04):47-70+186.

[80]宋永华,朱晓芸.强化高校青年人才引进与培育大格局[J].中国高等教育,2016(Z1):55-57.

[81]孙祎,陈晓芳,潘青,等.北京大学青年人才发展现状分析——以物理学院为例[J].中国高校科技,2019(03):28-31.

[82]孙玉涛,张艺蕾.海外人才引进计划提升了我国大学科研产出吗?——以"211"工程大学化学学科为例[J].科研管理,2021,42(10):20-27.

[83]汤吉军.沉淀成本、风险与高校教师学术创新研究[J].教育与经济,2016(04):3-10.

[84]田丰,刘雨龙.高等教育对独生子女和非独生子女差异的影响分析[J].人口与经济,2014(05):51-61.

[85]田喜洲,谢晋宇.组织支持感对员工工作行为的影响:心理资本中介作用的实证研究[J].南开管理评论,2010,13(01):23-29.

[86]托尼·比彻,保罗·特罗勒尔.学术部落及其领地:知识探索与学科文化[M].唐跃勤,蒲茂华,陈洪捷,译.北京:北京大学出版社,2015.

[87]万海远,李实.户籍歧视对城乡收入差距的影响[J].经济研究,2013(09):43-55.

[88]王传毅,杨力苈,杨佳乐.德国大学"卓越计划"实施成效评价:基于PSM-DID方法[J].中国高教研究,2020(01):5-11.

[89]王俭,修国义,过仕明.虚拟学术社区科研人员信息行为协同机制研究——基于ResearchGate平台的案例研究[J].情报科学,2019,37(01):94-98.

[90]王天夫.社会研究中的因果分析[J].社会学研究,2006(04):132-156+244.

[91]王伟宜.高等教育入学机会获得的阶层差异分析——基于1982—2010年我国16所高校的实证调查[J].高等教育研究,2013,34(12):35-44.

[92]王文韬,张俊婷,李晶,等.社会交换理论视角下学术社交网络用户知识贡献博弈分析及启示[J].现代情报,2020,40(05):58-65.

[93]王亚新.程序·制度·组织——基层法院日常的程序运作与治理结构转型[J].中国社会科学,2004(03):84-96+207.

[94]王战军,常琅.研究生教育强国:概念、内涵、特征和方略[J].中国高教研究,2020(11):13-18.

[95]王战平,朱宸良,汪玲,等.生态系统视角下虚拟学术社区科研人员合作影响因素研究[J].情报理论与实践,2021,44(04):119-129+98.

[96]魏立才,黄祎.学术流动对回国青年理工科人才科研生产力的影响研究——基于Web of Science论文分析[J].高等工程教育研究,2020(01):67-73.

[97]魏立才.海外青年理工科人才回国流向及其影响因素研究[J].高等教育研究,2019,40(06):25-33.

[98]温志强,滑冬玲,郝雅立.创新型高端人才培养项目的问题指向与困境突破[J].科技进步与对策,2017,34(21):147-153.

[99]吴菡,朱佳妮.学术DNA:我国高校海归教师的学缘研究——以清华大学、北京大学、复旦大学和上海交通大学为例[J].江苏高教,2018(04):49-53.

[100]吴建祖,王欣然,曾宪聚.国外注意力基础观研究现状探析与未来展望[J].外国经济与管理,2009,31(06):58-65.

[101]武学超.模式3知识生产的理论阐释——内涵、情境、特质与大学向度[J].科学学研究,2014,32(09):1297-1305.

[102]习近平.决胜全面建成小康社会 夺取新时代中国特色社会主义伟大胜利——在中国共产党第十九次全国代表大会上的报告[EB/OL].(2017-10-18)[2022-02-15]. http://www.gov.cn/zhuanti/2017-10/27/content_5234876.htm.

[103]肖建华,霍国庆,董帅,等.基于平衡计分卡的学术会议效果评价指标体系研究[J].科学学与科学技术管理,2009,30(12):48-54.

[104]习勇生."双一流"建设中地方政府的注意力配置——基于30项省域政策文本的NVivo软件分析[J].教育发展研究,2017,37(21):31-38.

[105]夏秋菊,栗文超,薛晶晶,等.面向学术领域的新型社交平台:科研社交网络[J].情报杂志,2014,33(09):167-172.

[106]萧鸣政,陈新明.中国人才评价制度发展70年分析[J].行政论坛,2019,26(04):22-27.

[107]辛斐斐,范跃进."双一流"建设背景下高校人才流动失序的反思及矫治[J].高教探索,2017(10):25-29.

[108]新华社.国家中长期人才发展规划纲要(2010—2020年)发布[EB/OL].(2010-06-06)[2022-2-18]. http://www.gov.cn/jrzg/2010-06/06/content_1621777.htm.

[109]新华网.习近平春节前夕赴甘肃看望各族干部群众[EB/OL].(2013-02-05)[2022-02-15]. http://www.xinhuanet.com/politics/2013-02/05/c_114621852.htm.

[110]新华网.中国共产党第十九届中央委员会第五次全体会议公报[EB/OL].(2020-10-29)[2022-02-15]. http://www.xinhuanet.com/politics/2020-10/29/c_1126674147.htm.

[111]熊玉婷.科技政策工具的选择与群体行为的研究[D].上海:上海交通大学硕士学位论文,2014.

[112]许日华,乐传永."双一流"建设中地方高水平大学高层次人才引进的困境与突围[J].教育发展研究,2017,37(21):46-51.

[113]学术会议质量国内外比较研究课题组. 学术会议质量国内外比较研究[C]//中国科协学会学术部. 学术交流质量与科技研发创新研究. 北京：中国科学技术出版社，2009:10+102-105.

[114]闫涛，曹明福，刘玉靖. 面向一流的学科知识与组织系统模型构建及运行机制研究[J]. 研究生教育研究，2021(01):78-84.

[115]阎光才. 年龄变化与学术职业生涯展开的轨迹[J]. 高等教育研究，2014，35(02):41-47.

[116]阎光才. 学术生命周期与年龄作为政策的工具[J]. 北京大学教育评论，2016，14(04):124-138+188.

[117]严姝婷，樊传浩. 支持性组织氛围对科技人员主动创新行为影响研究：自我决定感与分配公平的作用[J]. 技术经济，2020，39(05):60-67.

[118]杨河清，陈怡安. 海归回流：知识溢出及门槛效应——基于中国的实证检验[J]. 人口研究，2013，37(05):91-102.

[119]杨皖苏，杨善林. 分布式领导、组织支持感与新生代员工主动性—被动性创新行为：基于上下级关系和价值观匹配的交互调节效应[J]. 管理工程学报，2020，34(03):10-19.

[120]姚源，郭卉. 高校教师科研合作及其回报的变迁——基于 CAP 和 APIKS 调查数据的分析[J]. 复旦教育论坛，2020，18(06):71-78.

[121]叶晓梅，梁文艳. 海归教师真的优于本土教师吗？——来自研究型大学教育学科的证据[J]. 教育与经济，2019(01):75-86.

[122]尹木子. "预聘—长聘"制度会提升中国大学科研生产力吗？——基于多期双重差分法的政策评估[J]. 高教探索，2020(06):18-27.

[123]袁本涛，赵伟，王孙禺. 我国研究生教育质量现状的调查与研究[J]. 高等工程教育研究，2007(04):105-110+118.

[124]约翰·克雷斯维尔，薇姬·查克. 混合方法研究：设计与实施[M]. 游宇，陈福平，译. 重庆：重庆大学出版社，2021.

[125]翟学伟. 人情、面子与权力的再生产——情理社会中的社会交换方式[J]. 社会学研究，2004(05):48-57.

[126]张斌. 博士毕业生互聘网络中的院系分层与结构化特征——基于部分物理学学者学缘的社会网络分析[J]. 教育研究，2013，34(01):84-90+96.

[127]张冰冰，沈红. 研究型大学教师近亲繁殖状况与论文产出[J]. 复旦教育论坛，2015，13(01)：56-62.

[128]张德祥，王晓玲. 学科知识生产模式变革与"双一流"建设[J]. 江苏高教，2019(04)：1-8.

[129]张东海，袁凤凤. 高校青年"海归"教师对我国学术体制的适应[J]. 教师教育研究，2014，26(05)：62-67.

[130]张海涛，孙思阳，任亮. 虚拟学术社区用户知识交流行为机理及网络拓扑结构研究[J]. 情报科学，2018，36(10)：137-142.

[131]张红霞. 从近现代大学组织特点看科教融合体系建设之逻辑[J]. 苏州大学学报(教育科学版)，2020，8(04)：21-29.

[132]张健. 人才"帽子"泛滥怪象亟待改变[J]. 人民论坛，2020(18)：120-123.

[133]张丽华，田丹，曲建升. 科研合作模式与科研人员角色的变化规律分析——以病毒学领域职业生涯至少为 30 年的作者为例[J]. 情报学报，2020，39(07)：719-730.

[134]张乾友. "被指标治理"模式的生成及其治理逻辑[J]. 探索与争鸣，2021(02)：107-116＋179＋181.

[135]张冉. 社会转型期我国非营利组织声誉研究：危机溯源与重塑路径[J]. 浙江大学学报(人文社会科学版)，2014，44(01)：100-112.

[136]张伟，张茂聪. 聘任制语境下高校青年教师学术职业困境与制度变革路径——新制度主义视角[J]. 高校教育管理，2020，14(04)：52-60.

[137]张延吉，秦波，马天航. 同期群视角下中国社会代际流动的模式与变迁——基于 9 期 CGSS 数据的多层模型分析[J]. 公共管理学报，2019，16(02)：105-119＋173-174.

[138]张翼. 中国人社会地位的获得——阶级继承和代内流动[J]. 社会学研究，2004(04)：76-90.

[139]张银霞. 大学初任教师学术身份及其建构的质性研究[M]. 北京：清华大学出版社，2018：105.

[140]张应强，赵锋. 从我国大学评价的特殊性看高等教育评价改革的基本方向[J]. 江苏高教，2021(02)：1-8.

[141]张羽. 教育政策定量评估方法中的因果推断模型以及混合方法的启示[J]. 清华大学教育研究，2013，34(03)：29-40.

[142]张长东.社会科学中的因果机制:微观基础和过程追踪[J].公共管理评论,2018(01):10-21.

[143]赵婷茹,李世杰,朱沛祺.基于实验设计的政策绩效评估计量方法述评[J].统计与决策,2021,37(04):170-175.

[144]赵显通,尹弘飚.高校青年"海归"教师科研障碍的影响因素分析[J].当代教育与文化,2021,13(02):99-105.

[145]赵延东,周婵.我国科研人员的科研合作网络分析——基于个体中心网视角的研究[J].科学学研究,2011(07):999-1006.

[146]中华人民共和国教育部. 2019 年教育统计数据:分学科研究生数(总计)[EB/OL].(2020-06-10)[2022-02-15]. http://www.moe.gov.cn/jyb_sjzl/moe_560/jytjsj_2019/qg/202006/t20200611_464779.html.

[147]中华人民共和国教育部. 2019 年教育统计数据:专任教师年龄情况(普通高校)[EB/OL].(2020-06-10)[2022-02-15]. http://www.moe.gov.cn/jyb_sjzl/moe_560/jytjsj_2019/qg/202006/t20200610_464573.html.

[148]钟云华.学缘关系对大学教师学术职业发展影响的实证研究——以 H 大学为个案[J].教育发展研究,2012,32(01):61-68.

[149]周光礼,武建鑫.什么是世界一流学科[J].中国高教研究,2016(01):65-73.

[150]周建中.科研人员成果产出与年龄相关吗?——基于文献综述的研究[J].自然辩证法通讯,2019,41(09):87-92.

[151]周秀平.学生群体的政策分类与教育治理[J].清华大学教育研究,2019,40(03):84-90.

[152]周晔馨,涂勤,胡必亮.惩罚、社会资本与条件合作——基于传统实验和人为田野实验的对比研究[J].经济研究,2014,49(10):125-138.

[153]周玉清,黄欢,付鸿飞.以"双一流"建设引领研究生教育的改革与发展——"双一流"建设高端论坛综述[J].研究生教育研究,2016(03):1-6.

[154]周玉容,沈红.现行教师评价对大学教师发展的效应分析——驱动力的视角[J].清华大学教育研究,2016,37(05):54-61.

[155]朱佳妮."学术硬着陆":高校文科青年海归教师的工作适应研究[J].复旦教育论坛,2017,15(03):87-92.

[156]朱军文,刘念才.高校科研评价定量方法与质量导向的偏离及治理[J].

教育研究,2014(08):52-59.

[157]朱依娜,何光喜.学术产出的性别差异:一个社会网络分析的视角[J].社会,2016,36(04):76-102.

[158]左才.政治学研究中的因果关系:四种不同的理解视角[J].国外理论动态,2017(01):24-31.

[159]Abouchedid K, Abdelnour G, 2015. Faculty research productivity in six Arab countries[J]. International Review of Education, 61(05):673-690.

[160]Abramo G, Cicero T, D'Angelo C A, 2012. Revisiting size effects in higher education research productivity[J]. Higher Education, 63(06): 701-717.

[161]Abramo G, D'Angelo C A, 2014. How do you define and measure research productivity? [J]. Scientometrics, 101(02): 1129-1144.

[162]Abramo G, D'Angelo C A, Di Costa F, 2009. Research collaboration and productivity: Is there correlation? [J]. Higher Education, 57 (02): 155-171.

[163]Adams J D, Black G C, Clemmons J R, et al., 2005. Scientific teams and institutional collaborations: Evidence from US universities, 1981—1999[J]. Research Policy,34(03): 259-285.

[164]Adcroft A, Taylor D, 2013. Support for new career academics: An integrated model for research intensive university business and management schools [J]. Studies in Higher Education, 38 (06): 827-840.

[165]Adler N J,Harzing A W, 2009. When knowledge wins: Transcending the sense and nonsense of academic rankings [J]. Academy of Management Learning & Education, 8(01): 72-95.

[166]Adler P S, Kwon S W, 2002. Social capital: Prospects for a new concept[J]. Academy of Management Review, 27(01): 17-40.

[167]Aguinis H, Ji Y H, Joo H, et al., 2018. Gender productivity gap among star performers in STEM and other scientific fields[J]. Journal of Applied Psychology,103(12):1283-1306.

[168]Aiston S J, Jung J, 2015. Women academics and research productivity: An international comparison[J]. Gender & Education, 27(03):205-220.

[169]Akerlind G S, 2005. Postdoctoral researchers: Roles, functions and career prospects[J]. Higher Education Research & Development, 24(01): 21-40.

[170]Akinyokun OC, UzokaFME, 2007. Factor analysis of the effects of academic staff profile on the investment portfolio of a university[J]. International Journal of the Computer, The Internet and Management, 15(01): 51-62.

[171]Aksnes D W, Piro F, Rørstad K, 2018. Does size matter? An investigation of how department size and other organizational variables influence on publication productivity and citation impact[J]. Nordic Institute for Studies in Innovation, Research and Education, Working Paper.

[172]AksnesDW, Schneider J W, Gunnarsson M, 2012. Ranking national research systems by citation indicators: A comparative analysis using whole and fractionalised counting methods [J]. Journal of Informetrics, 6(01): 36-43.

[173]Albrecht C, Thompson J A, Hoopes J L, 2011. Productivity and prestige in business ethics research: A report and commentary on the state of the field[J]. Business & Society, 50(04): 580-606.

[174]Allison P D, Long J S, 1990. Departmental effects on scientific productivity[J]. American Sociological Review, 55(04): 469-478.

[175]Altbach P G, 2004. Globalisation and the university: Myths and realities in an unequal world[J]. Tertiary Education and Management, 10(01): 3-25.

[176]Alzuman A. Faculty research productivity in Saudi Arabian public universities: A human capital investment perspective[D]. Richmond, VA: Virginia Commonwealth University, 2015.

[177]Amabile T M, Schatzel E A, Moneta G B, et al., 2004. Leader

behaviors and the work environment for creativity: Perceived leader support[J]. The Leadership Quarterly, 15(01): 5-32.

[178]Andrews F M, Farris G F, 1967. Supervisory practices and innovation in scientific teams[J]. Personnel Psychology, 20(04): 497-515.

[179] Arnold I J M, 2008. Course level and the relationship between research productivity and teaching effectiveness[J]. The Journal of Economic Education, 39(04): 307-321.

[180]Bailey J G, 1999. Academics' motivation and self-efficacy for teaching and research[J]. Higher Education Research & Development,18(03): 343-359.

[181] Baird L L, 1991. Publication productivity in doctoral research departments: Interdisciplinary and intradisciplinary factors [J]. Research in Higher Education, 32(03): 303-318.

[182]Bäker A, 2015. Non-tenured post-doctoral researchers' job mobility and research output: An analysis of the role of research discipline, department size, and coauthors[J]. Research Policy,44(03):634-650.

[183]BakerVL,Lattuca L R, 2010. Developmental networks and learning: Toward as interdisciplinary perspective on identity development during doctoral study[J]. Studies in Higher Education, 35(07):807-827.

[184]BalloutH I, 2007. Career success: The effects of human capital, person-environment fit and organizational support [J]. Journal of Managerial Psychology, 22(08): 741-765.

[185] Bammer G, 2008. Enhancing research collaborations: Three key management challenges[J]. Research Policy, 37(05): 875-887.

[186]Bandura A, 1977. Self-efficacy: Toward a unifying theory of behavioral change[J]. Psychological Review, 84(02): 191-215.

[187]Bandura A, 1982. Self-efficacy mechanism in human agency [J]. American Psychologist, 37(02):122-147.

[188]Bandura A. Self-efficacy: The exercise of control[M]. New York: Freeman, 1997.

[189]Bass B M, Avolio B J. Multifactor leadership questionnaire: Manual

and sampler test [M]. Menlo Park, CA: Mind Garden Incorporation, 2004.

[190] Beaver D, 2001. Reflections on scientific collaboration (and its study): Past, present, and future [J]. Scientometrics, 52 (03): 365-377.

[191]Beaver D,Rosen R, 1979. Studies in scientific collaboration Part III: Professionalization and the natural history of modern scientific co-authorship[J]. Scientometrics,1(03): 231-245.

[192]Becher T, Trowler P R. Academic tribes and territories: Intellectual enquiry and the cultures of discipline[M]. Buckingham: Society for Research into Higher Education & Open University Press, 2001.

[193] Becher T, Trowler P R. Academic tribles and territories [M]. Buckingham: SRHE & Open University Press, 2011: 86.

[194]Becker G S, 1962. Investment in human capital: A theoretical analysis [J]. The Journal of Political Economy, 70(05): 9-49.

[195]Bennett A. Process tracing: A bayesian perspective [M]//Box-Steffensmeier J M, Brady H E, Collier D. The Oxford Handbook of Political Methodology. Oxford: Oxford University Press, 2008: 702-721.

[196]Bentley P J, Kyvik S, 2012. Academic work from a comparative perspective: A survey of faculty working time across 13 countries[J]. Higher Education, 63(04):529-547.

[197]Berlyne D E, 1974. Attention-historical and philosophical roots of perception——chapter 8 [J]. Historical & Philosophical Roots of Perception,13(02): 123-147.

[198]Bess J L, 1978. Anticipatory socialization of graduate students[J]. Research in Higher Education, 8(04): 289-317.

[199]Bian Y. Guanxi capital and social eating in Chinese cities: Theoretical models and empirical analyses[M] //Dasgupta P,Seragelding I ,Social Capital. New York: Routledge, 2001:275-295.

[200]Biggs J, Hawley P H, Biernat M, 2018. The academic conference as a

chilly climate for women: Effects of gender representation on experiences of sexism, coping responses, and career intentions[J]. Sex Roles, 78(05): 394-408.

[201] Biglan A, 1973. The characteristics of subject matter in different academic areas[J]. Journal of Applied Psychology,57(03): 195-203.

[202]Blackburn R T, Lawrence J H, 1986. Aging and the quality of faculty job performance [J]. Review of Educational Research, 56 (03): 265-290.

[203]Bland C J, Center B A, Finstad D A, et al. , 2005. A theoretical, practical, predictive model of faculty and department research productivity[J]. Academic Medicine, 80(03): 225-237.

[204]Bland C J, Center B A, Finstad D A, et al. , 2006. The impact of appointment type on the productivity and commitment of full-time faculty in research and doctoral institutions[J]. The Journal of Higher Education,77(01): 89-123.

[205]Bland C J, Ruffin M T, 1992. Characteristics of a productive research environment: Literature review[J]. Academic Medicine: Journal of the Association of American Medical Colleges, 67(06): 385-397.

[206]Bland C J, Seaquist E, Pacala J T, et al. , 2002. One school's strategy to assess and improve the vitality of its faculty [J]. Academic Medicine, 77(05): 368-376.

[207]Blau P M,Duncan O D. The American occupational structure[M]. New York: John Wiley & Sons,Inc. , 1967.

[208]Bleiklie I, Enders J, Lepori B, 2015. Organizations as penetrated hierarchies. Institutional pressures and variations in patterns of control in European universities[J]. Organization Studies, 36(07): 873-896.

[209]Blume S S, Sinclair R, 1973. Chemists in British universities: A study of the reward system in science[J]. American Sociological Review, 38 (01): 126-138.

[210]Boardman P C, Corley E A, 2008. University research centers and the composition of research collaborations[J]. Research Policy, 37(05):

900-913.

[211]Bolden R J, Gosling A,O'Brien, et al. Academic leadership: Changing conceptions, identities and experiences in UK higher education: Research and development series[R]. London: Leadership Foundation for Higher Education, 2012: 11-12.

[212]Bonaccorsi A, Daraio C, 2005. Exploring size and agglomeration effects on public research productivity[J]. Scientometrics, 63(01): 87-120.

[213]Bonaccorsi A, Daraio C, Simar L, 2006. Advanced indicators of productivity of universities: An application of robust nonparametric methods to Italian data[J]. Scientometrics, 66(02): 389-410.

[214]Borgman C L, 2000. Digital libraries and the continuum of scholarly communication[J]. Journal of Documentation, 56(04): 412-430.

[215]Borokhovich K A, Bricker R J, Brunarski K R, et al., 1995. Finance research productivity and influence[J]. The Journal of Finance, 50(05): 1691-1717.

[216]Bourdieu P. The form of social capital: Handbook of theory and research for the sociology of education [M]. Westport, CT: Greenwood Press, 1986: 248.

[217]Bowen D E, Ostroff C, 2004. Understanding HRM-firm performance linkages: The role of the "Strength" of the HRM system [J]. Academy of Management Review, 29(02): 203-221.

[218]Bozemam B, Fay D, Slade C, 2013. Research collaboration in universities and academic entrepreneurship: The-state-of-the-art[J]. Journal Technology Transfer, 38(01): 1-67.

[219]Bozeman B, Corley E, 2004. Scientists' collaboration strategies: Implications for scientific and technical human capital[J]. Research Policy, 33(04): 599-616.

[220]Braxton J M, Bayer A E, 1986. Assessing faculty scholarly performance[J]. New Directions for Institutional Research, 1986(50): 25-42.

[221]Brew A, 1999. Research and teaching: Changing relationships in a changing context[J]. Studies in Higher Education, 24(03): 291-301.

[222]Brim O G. Adult socialization[M]//JA Clausen (ed.). Socialization and Society. Boston: Little, Brown and Company, 1968.

[223]Brinkman P T, Leslie L L, 1986. Economies of scale in higher education: Sixty years of research [J]. The Review of Higher Education, 10(01): 1-28.

[224]Broder I E, 1993. Professional achievements and gender differences among academic economists[J]. Economic Inquiry, 31(01): 116-127.

[225]Bronfenbrenner U, 1977. Toward an experimental ecology of human development[J]. American Psychologist, 32(07): 513-531.

[226]Bronfenbrenner U, 1986. Ecology of the family as a context for human development: Research perspectives[J]. Developmental Psychology, 22(06): 723-742.

[227]Bronfenbrenner U, Morris P A. The ecology of developmental processes[M]//W. Damon & R. M. Lerner (Eds.). Handbook of child psychology, Vol. 1: Theoretical models of human development (5th ed.). New York: Wiley,1998:993-1023.

[228]Bronfenbrenner U. The ecology of human development: Experiments by nature and design[M]. Cambridge, MA: Harvad University Press, 1979.

[229]Bronstein P, Farnsworth L, 1998. Gender differences in faculty experiences of interpersonal climate and processes for advancement [J]. Research in Higher Education, 39(05):557-585.

[230]Brown D G. The mobile professors[M]. Washington,DC: American Council of education, 1967.

[231]Bryman A, 2006. Integrating quantitative and qualitative research: How is it done[J]. Qualitative Research, 6(01): 97-113.

[232]Burris V, 2004. The academic caste system: Prestige hierarchies in PhD exchange networks[J]. American Sociological Review, 69(02): 239-264.

[233]Burt R S, 2004. Structural holes and good ideas[J]. American Journal of Sociology, 110(02): 349-399.

[234]Butler N, Spoelstra S, 2014. The regime of excellence and the erosion of ethos in critical management studies [J]. British Journal of Management, 25(03): 538-550.

[235]Cable D M, Gino F, Staats B R, 2013. Breaking them or eliciting their best? Reframing socialization around newcomers' authentic self-expression[J]. Administrative Science Quarterly, 58(01): 1-36.

[236]Callaghan C W, Callaghan C, 2015. Intrinsic antecedents of academic research productivity of a large South African university[J]. Southern African Business Review, 19(01): 170-193.

[237]Cantwell B, Mathies C F, 2012. Expanding research capacity at United States universities: A study of academic research and development investment from 1990—2005 [J]. Higher Education Quarterly, 66(03): 308-330.

[238]Carayol N, Matt M, 2006. Individual and collective determinants of academic scientists' productivity [J]. Information Economics and Policy, 18(01): 55-72.

[239]Carpenter M J, de Charon L C, 2014. Mitigating multigenerational conflict and attracting, motivating, and retaining millennial employees by changing the organizational culture: A theoretical model [J]. Journal of Psychological Issues in Organizational Culture, 5 (03): 68-84.

[240]Ceci S J, Ginther D K, Kahn S, et al., 2014. Women in academic science: A changing landscape[J]. Psychological Science in the Public Interest, 15(03): 75-141.

[241]Ceci S J, Williams W M, 2011. Understanding current causes of women's underrepresentation in science [J]. Proceedings of the National Academy of Sciences of the United States of America, 108 (08): 3157-3162.

[242]Cerasoli C P, Nicklin J M, Ford M T, 2014. Intrinsic motivation and

extrinsic incentives jointly predict performance: A 40-year meta-analysis[J]. Psychological Bulletin, 140(04):980-1008.

[243]Cervia S,Biancheri R, 2017. Women in science: The persistence of traditional gender roles: A case study on work-life interface[J]. European Educational Research Journal, 16(02-03): 215-229.

[244]Chen S, Mcalpine L, Amundsen C, 2015. Postdoctoral positions as preparation for desired careers: A narrative approach to understanding postdoctoral experience [J]. Higher Education Research & Development, 34(06): 1083-1096.

[245]Cheryan S, Ziegler S A, Montoya A K, et al., 2017. Why are some STEM fields more gender balanced than others[J]. Psychological Bulletin,143(01): 1-35.

[246]Chih-Jou Chen, Shiu-Wan Hung, 2010. To give or to receive? Factors influencing members' knowledge sharing and community promotion in professional virtual communities[J]. Information & Management, 47(04): 226-236.

[247]Choi J N, 2006. Multilevel and cross-level effects of workplace attitudes and group member relations on interpersonal helping behavior[J]. Human Performance, 19(04): 383-402.

[248]Clark B R. Places of inquiry: Research and advanced education in modern universities [M]. Berkeley: University of California Press, 1995.

[249]Clark B R. The academic profession: National, disciplinary, and institutional settings [M]. Berkeley: University of California Press, 1987.

[250]Clark S M, 1986. The academic profession and career: Perspectives and problems[J]. Teaching Sociology, 14(01): 24-34.

[251]Clark S M, Lewis D R. Faculty vitality and institutional productivity: Critical perspectives for higher education[M]. New York: Teachers College Press, Columbia University, 1985.

[252]Clarke C A, Knights D, 2015. Careering through academia: Securing

identities or engaging ethical subjectivities? [J]. Human Relations, 68(12): 1865-1888.

[253]Coe N M, Bunnell T G, 2003. 'Spatializing' knowledge communities: Towards a conceptualization of transnational innovation networks[J]. Global Networks,3(04): 37-456.

[254]Cohen S E, Syme S L. Social support and health[M]. Pittsbursh: Academic Press,1985.

[255]Cole J R, Zuckerman H. "The productivity puzzle: Persistence and change in patterns of publication of men and women scientists. "[M]// Steinkamp M W, Maehr P (eds.). Advances in Motivation and Achievement (vol. 2). Greenwich, CT: JAI Press, 1984: 217-258.

[256]Cole S, 1979. Age and scientific performance[J]. American Journal of Sociology, 84(04): 958-977.

[257]Cole S, Cole J R, 1967. Scientific output and recognition: A study in the operation of the reward system in science [J]. American Sociological Review, 32(03): 377-390.

[258]Collins K, Onwuegbuzie A J,Sutton I L, 2006. A model incorporating the rationale and purpose for conducting mixed-methods research in special education and beyond [J]. Learning Disabilities: A Contemporary Journal, 14(01): 67-100.

[259]Cornwell B, Laumann E O, Schumm L P, 2008. The social connectedness of older adults: A national profile [J]. American Sociological Review,73(02): 185-203.

[260]Crane D, 1965. Scientists at major and minor universities: A study of productivity and recognition[J]. American Sociological Review, 30 (05): 699-714.

[261]Craver C F, Darden L. In search of mechanisms: Discoveries across the life sciences[M]. Chicago: University of Chicago Press, 2013.

[262]Cresswell J W, 1985. Faculty research performances: Lessons from the science and social sciences[C]. ASHE-ERIC Higher Education Report, (04): 40.

[263]Creswell J W, Bean J P, 1981. Research output, socialization, and the Biglan model[J]. Research in Higher Education,15(01):69-91.

[264]Creswell J W, Plano Clark V L. Designing and conducting mixed methods research[M]. Thousand Oaks, CA: Sage, 2007.

[265]Creswell J W. Educational research: Planning, conducting, and evaluating quantitative and qualitative research [M]. 4th ed. Boston, MA: Pearson Education Inc. , 2012.

[266]Creswell J W. Measuring faculty research performance[M]. San Francisco: Jossey Bass, 1986.

[267]Creswell J W. Qualitative inquiry and research design: Choosing among five traditions[M]. Thousand Oaks, CA: Sage, 1998.

[268]Crewe I, 1988. Reputation, research and reality: The publication records of UK departments of politics, 1978—1984 [J]. Scientometrics, 14(03-04): 235-250.

[269]Cruz-Castro L, Sanz-Menéndez L, 2010. Mobility versus job stability: Assessing tenure and productivity outcomes[J]. Research Policy, 39(01): 27-38.

[270]Davenport T,Beck J. The attention economy: Understanding the new currency of business [M]. Boston, MA: Harvard Business Press, 2001.

[271]Davies A, Thomas R, 2002. Managerialism and accountability in higher education: The gendered nature of restructuring and the costs to academic service[J]. Critical Perspectives on Accounting, 13(02): 179-193.

[272]Davis J C, Patterson D M, 2001. Determinants of variations in journal publication rates of economists[J]. The American Economist, 45(01): 86-91.

[273]De Solla Price D J, Beaver D, 1966. Collaboration in an invisible college[J]. American Psychologist, 21(11): 1011.

[274]Deci E L, Ryan R M, 2000. The "What" and "Why" of goal pursuits: Human needs and the self-determination of behavior[J]. Psychological

Inquiry, 11(04): 227-268.

[275]Deem R, Hillyard S, Reed M, et al. Knowledge, higher education, and the new managerialism: The changing management of UK universities[M]. New York: Oxford university Press, 2007.

[276]Deem R, Lucas L, 2007. Research and teaching cultures in two contrasting UK policy contexts: Academic life in education departments in five English and Scottish universities[J]. Higher Education, 54(01): 115-133.

[277]Deshpande R, Webster Jr F E, 1989. Organizational culture and marketing: Defining the research agenda[J]. Journal of Marketing, 53(01): 3-15.

[278]Desselle S P, Andrews B, Lui J, et al., 2018. The scholarly productivity and work environments of academic pharmacists[J]. Research in Social and Administrative Pharmacy, 14(08): 727-735.

[279]Desselle S, Rosenthal M, Holmes E R, et al., 2017. Components of a measure to describe organizational culture in academic pharmacy[J]. American Journal of Pharmaceutical Education, 81(10): 6-19.

[280]Dey E L, Milem J F, Berger J B, 1997. Changing patterns of publication productivity: Accumulative advantage or institutional isomorphism? [J]. Sociology of Education, 70(04): 308-323.

[281]Dickson M, 2018. The joys and challenges of academic motherhood[C] // Women's studies international forum. Pergamon, 71(04): 76-84.

[282]Ding W W, Levin S G, Stephan P E, et al., 2009. The impact of information technology on academic scientists' productivity and collaboration patterns[J]. Management Science, 56(09): 1439-1461.

[283]Dolan R C, Schmidt R M, 1994. Modeling institutional production of higher education[J]. Economics of Education Review, 13(03): 197-213.

[284]Duffy R D, Jadidian A, Webster G D, et al., 2011. The research productivity of academic psychologists: Assessment, trends, and best

practice recommendations[J]. Scientometrics,89(01):207-227.

[285]Dundar H, Lewis D R, 1998. Determinants of research productivity in higher education[J]. Research in Higher Education,39(06): 607-631.

[286]Dunn Jr R, 2005. The age bias in academic publishing[J]. Challenge, 48(05): 5-11.

[287]Eby L T, Butts M, Lockwood A, 2003. Predictors of success in the era of the boundaryless career[J]. Journal of Organizational Behavior: The International Journal of Industrial, Occupational and Organizational Psychology and Behavior,24(06): 689-708.

[288] Edgar F, Geare A, 2013. Factors influencing university research performance[J]. Studies in Higher Education,38(05):774-792.

[289]Eells W C, Cleveland A C, 1935. Faculty inbreeding[J]. Journal of Higher Education, 70(05): 579-588.

[290]Ehrenberg R G, Hurst P J, 1996. The 1995 NRC ratings of doctoral programs: A hedonic model[J]. Change: The Magazine of Higher Learning, 28(03): 46-54.

[291]Eisenberger R, Huntington R, Hutchisom S, 1986. Perceived organizational support[J]. Journal of Applied Psychology, 71(03): 500-507.

[292] Erdogan B, Liden R C, Kraimer M L, 2006. Justice and leader-member exchange: The moderating role of organizational culture[J]. Academy of Management Journal, 49(02): 395-406.

[293] Etzkowitz H, Leydesdorff L, 2000. The dynamics of innovation: From national systems and "Mode 2" to a triple helix of university-industry-government relations [J]. Research Policy, 29 (02): 109-123.

[294]Evans L, 2015. A changing role for university professors? Professorial academic leadership as it is perceived by "The Led" [J]. British Educational Research Journal, 41(04): 666-685.

[295]Evans L, 2017. University professors as academic leaders: Professorial leadership development needs and provision [J].

Educational Management Administration & Leadership, 45(01): 123-140.

[296] Fairweather J S, 2002. The mythologies of faculty productivity: Implications for institutional policy and decision making[J]. The Journal of Higher Education, 73(01): 26-48.

[297] Falleti T G, Lynch J F, 2009. Context and causal mechanisms in political analysis[J]. Comparative Political Studies, 42(09): 1143-1166.

[298] Fan A C. The relationship of self-efficacy and perceptions of work environment to the research productivity of faculty in selected universities across Taiwan[D]. Starkville, Mississippi: Mississippi State University, 1997.

[299] Feeney M K, Welch E W, 2014. Academic outcomes among principal investigators, co-principal investigators, and non-PI researchers[J]. The Journal of Technology Transfer, 39(01): 111-133.

[300] Feldman K A, 1987. Research productivity and scholarly accomplishment of college teachers as related to their instructional effectiveness: A review and exploration[J]. Research in Higher Education, 26(03): 227-298.

[301] Feldman K A, Paulsen M B, 1999. Faculty motivation: The role of a supportive teaching culture[J]. New Directions for Teaching & Learning, (78): 71-78.

[302] Feuer M J, Towne L, ShavelsonR J, 2002. Scientific culture and educational research[J]. Educational Researcher, 31(08): 4-14.

[303] Finkelstein M J. The American academic profession: A synthesis of social scientific inquiry since World War II[M]. Columbus: Ohio State University Press, 1984.

[304] Forester M, Kahn J H, Hesson-Mcinnis M S, 2004. Factor structures of three measures of research self-efficacy[J]. Journal of Career Assessment, 12(01): 3-16.

[305] Fox K J, Milbourne R, 1999. What determines research output of

academic economists? [J]. Economic Record, 75(03): 256-267.

[306]Fox M F, 1992. Research, teaching and publication productivity: Mutuality versus competition in academia[J]. Sociology of Education, 65(04):293-305.

[307]Fox M F, 2005. Gender, family characteristics, and publication productivity among scientists[J]. Social Studies of Science, 35(01): 131-150.

[308]Fox M F, Mohapatra S, 2007. Social-organizational characteristics of work and publication productivity among academic scientists in doctoral-granting departments[J]. The Journal of Higher Education, 78(05): 542-571.

[309]Freedenthal S, Potter C, Grinstein-Weiss M, 2008. Institutional supports for faculty scholarship: A national survey of social work programs[J]. Social Work Research, 32(04): 220-230.

[310]Frels R K, Onwuegbuzie A J, 2013. Administering quantitative instruments with qualitative interviews: A mixed research approach [J]. Journal of Counseling & Development, 91(02): 184-194.

[311]Galbraith C S, Merrill G B, 2012. Faculty research productivity and standardized student learning outcomes in a university teaching environment: A Bayesian analysis of relationships [J]. Studies in Higher Education, 37(04): 469-480.

[312]Gander J P, 1999. Faculty gender effects on academic research and teaching[J]. Research in Higher Education, 40(02): 171-184.

[313]Gappa J M, Austin A E, Trice A G. Rethinking faculty work: Higher education's strategic imperative[M]. San Francisco: Wiley, 2007.

[314]Gerring J, 2010. Causal mechanisms: Yes, but…[J]. Comparative Political Studies, 43(11): 1499-1526.

[315]Gibson J, Mckenzie D, 2012. The economic consequences of 'Brain Drain' of the best and brightest: Microeconomic evidence from five countries[J]. The Economic Journal, 122(560): 339-375.

[316]Giddens A. Central problems in social theory: Action, structure and

contradiction in social analysis[M]. London: Macmillan Education LTD, 1979: 69-73.

[317] Gillet N, Fouquereau E, Forest J, et al., 2012. The impact of organizational factors on psychological needs and their relations with well-being[J]. Journal of Business & Psychology, 27(04): 437-450.

[318] Glaser B G, Strauss A L. The discovery of grounded theory: Strategies for qualitative research[M]. London: Weidenfeld and Nicolson, 1967.

[319]Gmelch W H, Wilke P K, Lovrich N P, 1986. Dimensions of stress among university faculty: Factor-analytic results from a national study [J]. Research in Higher Education, 24(03): 266-286.

[320]Gonzalez-Brambila C N, 2014. Social capital in academia[J]. Scientometrics, 101(3): 1609-1625.

[321] Goodall A H, 2009. Highly cited leaders and the performance of research universities[J]. Research Policy, 38(07): 1079-1092.

[322]Gouldner A W, 1960. The norm of reciprocity——A preliminary statement[J]. American Sociological Review, 25(02): 161-178.

[323]Greenberg J, 1987. A taxonomy of organizational justice theories[J]. Academy of Management Review, 12(01): 9-22.

[324]Greene H C, O'Connor K A, Good A J, et al., 2008. Building a support system toward tenure: Challenges and needs of tenure-track faculty in colleges of education[J]. Mentoring & Tutoring: Partnership in Learning, 16(04): 429-447.

[325]Greene J C, Caracelli V J,Graham W F, 1989. Toward a conceptual framework for mixed-method evaluation designs[J]. Educational Evaluation and Policy Analysis, 11(03): 255-274.

[326]Gruppen L D, Frohna A Z, Anderson R M, et al., 2003. Faculty development for educational leadership and scholarship[J]. Academic Medicine, 78(02): 137-141.

[327]Guan X, Sun T, Hou Y, et al., 2014. The relationship between job performance and perceived organizational support in faculty members

at Chinese universities: A questionnaire survey[J]. BMC Medical Education, 14(01): 50-60.

[328]Guest G, Namey E E, Mitchell M L. Collecting qualitative data: A field manual for applied research[M]. London: Sage, 2013: 41-47.

[329]Hamermesh D S, Pfann G A, 2012. Reputation and earnings: The roles of quality and quantity in academe[J]. Economic Inquiry, 50 (01): 1-16.

[330]Hanley A, Liu W H, Vaona A. Financial development and innovation in China: Evidence from the provincial data[R]. Germany: Kiel Working Paper, 2011: 1963.

[331]Hanssen T S, Jorgensen F, Larsen B, et al., 2018. The relation between the quality of research, researchers' experience, and their academic environment[J]. Scientometrics, 114(03): 933-950.

[332]Hardré P L, Miller R B, 2006. Toward a current, comprehensive, integrative, and flexible model of motivation for instructional design [J]. Performance Improvement Quarterly, 19(03): 27-54.

[333]Hardré, Patricia, Cox M, 2009. Evaluating faculty work: Expectations and standards of faculty performance in research universities[J]. Research Papers in Education,24(04):383-419.

[334]Hargens L L, Hagstrom W O, 1967. Sponsored and contest mobility of American academic scientists[J]. Sociology of Education, 40(01): 24-38.

[335]Hattie J, Marsh H W, 1996. The relationship between research and teaching: A meta-analysis[J]. Review of Educational Research, 66 (04): 507-542.

[336]Hearn J C, 1999. Pay and performance in the university: An examination of faculty salaries[J]. The Review of Higher Education, 22(04): 391-410.

[337]Heckman J J. The common structure of statistical models of truncation, sample selection and limited dependent variables and a simple estimator for such models[M] // Annals of Economic and

Social Measurement, 5(04). NBER, 1976: 475-492.

[338]Hemmings B, Kay R, 2016. The relationship between research self-efficacy, research disposition and publication output[J]. Educational Psychology,36(02):1-15.

[339]Hemmings B C, Rushbrook P, Smith E, 2007. Academics' views on publishing refereed works: A content analysis[J]. Higher Education, 54(02): 307-332.

[340]Herzberg F. Work and the nature of man[M]. Cleveland: World Publishing, 1966.

[341]Holley J W, 1977. Tenure and research productivity[J]. Research in Higher Education,6(02):181-192.

[342]Hong J A, Espelage D L, 2011. A review of mixed methods research on bullying and peer victimization in school[J]. Educational Review, 64(01): 115-126.

[343]Hong W, Zhao Y, 2016. How social networks affect scientific performance: Evidence from a national survey of Chinese scientists [J]. Science, Technology & Human Values, 41(02): 243-273.

[344]Horta H, 2013. Deepening our understanding of academic inbreeding effects on research information exchange and scientific output: New insights for academic based research[J]. Higher Education, 65(04): 487-510.

[345]Horta H, Lacy, T A, 2011. How does size matter for science? Exploring the effects of research unit size on academics' scientific productivity and information exchange behaviors [J]. Science and Public Policy, 38(06): 449-462.

[346]Huang Y T, Liu H, Huang L, 2021. How transformational and contingent reward leaderships influence university faculty's organizational commitment: The mediating effect of psychological empowerment[J]. Studies in Higher Education, 46(11): 2473-2490.

[347]Humphreys A R C, 2011. The heuristic application of explanatory theories in international relations [J]. European Journal of

International Relations, 17(02): 257-277.

[348]Hunter L A, Leahey E, 2010. Parenting and research productivity: New evidence and methods[J]. Social Studies of Science, 40(03): 433-451.

[349]Jang D H, Shin I S, 2011. The relationship between research self-efficacy and other research constructs: Synthesizing evidence and developing policy implications through meta-analysis[J]. Kedi Journal of Educational Policy,8(02):279-301.

[350]Jeanes E, Loacker B, Sliwa M, 2019. Complexities, challenges and implications of collaborative work within a regime of performance measurement: The case of management and organisation studies[J]. Studies in Higher Education,44(09): 1539-1553.

[351]Jenkins A, Zetter R. Linking research and teaching in departments [M]. York: LSTN, 2003.

[352]Johnston R, 1994. Effects of resource concentration on research performance[J]. Higher Education,28(01): 25-37.

[353]Johnson R B, Onwuegbuzie A J, Turner L A, 2007. Toward a definition of mixed methods research[J]. Journal of Mixed Methods Research,1(02): 112-133.

[354]Jones B F, 2010. Age and great invention[J]. The Review of Economics and Statistics, 92(01): 1-14.

[355]Jones B F, Weinberg B A, 2011. Age dynamics in scientific creativity [J]. Proceedings of the National Academy of Sciences of the United States of America,108(47): 18910-18914.

[356]Jones B F, Wuchty S, Uzzi B, 2008. Multi-university research teams: Shifting impact, geography, and stratification in science[J]. Science, 322(5905): 1259-1262.

[357]Jonkers K, Tijssen R, 2008. Chinese researchers returning home: Impacts of international mobility on research collaboration and scientific productivity[J]. Scientometrics, 77(02): 309-333.

[358]Jöns H, 2011. Transnational academic mobility and gender [J].

Globalisation, Societies & Education, 9(02): 183-209.

[359]Jordan J M, Meador M, Walters S J K, 1989. Academic research productivity, department size and organization: Further results[J]. Economics of Education Review, 8(04): 345-352.

[360]Jorgensen F, Hanssen T S, 2018. Research incentives and research output[J]. Higher Education, 76(06): 1029-1049.

[361]Jung J, 2012. Faculty research productivity in Hong Kong across academic discipline[J]. Higher Education Studies,2(04):1-15.

[362]Kahneman D, Ben-Ishai R, Lotan M, 1973. Relation of a test of attention to road accidents[J]. Journal of Applied Psychology, 58(01): 113-115.

[363]Karagiannis S N, 2009. The conflicts between science research and teaching in higher education: An academic's perspective [J]. International Journal of Teaching and Learning in Higher Education, 21(01): 75-83.

[364]Kay A, Baker P, 2015. What can causal process tracing offer to policy studies? A review of the literature[J]. Policy Studies Journal, 43(01): 1-21.(转引自 孙婧婧,和经纬. 作为溯因推理研究方法的因果过程追踪及其在公共政策研究中的应用[J]. 公共管理评论,2020,02(04): 214-229.)

[365]Kaya N, Weber M J, 2003. Faculty research productivity: Gender and discipline differences [J]. Family and Consumer Sciences Research Journal,95(04):46-52.

[366]Keith B, Babchuk N, 1998. Quest for institutional recognition: A longitudinal analysis of scholarly productivity and academic prestige among sociology departments[J]. Social Forces, 76(04): 1495-1533.

[367]Kelloway E K, Barling J, 2000. Knowledge work as organizational behavior[J]. International Journal of Management Reviews, 2(03): 287-304.

[368]Kerr S, 1977. Substitutes for leadership: Some implications for organizational design[J]. Organization and Administrative Sciences, 8

(01)：135-146.

[369]Kleysen R F，Street C T，2001. Towards a multi-dimensional measure of individual innovative behavior[J]. Journal of Intellectual Capital，2(03)：284-296.

[370]Kok S K，McDonald C，2017. Underpinning excellence in higher education——An investigation into the leadership，governance and management behaviours of high-performing academic departments[J]. Studies in Higher Education，42(02)：210-231.

[371]Kossek E E，Su R，Wu L，et al.，2017. "Opting Out" or "Pushed Out"? Integrating perspectives on women's career equality for gender inclusion and interventions[J]. Journal of Management，43(01)：228-254.

[372]Kranzler J H，Grapin S L，Daley M L，2011. Research productivity and scholarly impact of APA accredited school psychology programs：2005—2009[J]. Journal of School Psychology，49(06)：721-738.

[373]Kuhn T S. The structure of scientific revolutions[M]. Chicago：University of Chicago Press，1970.

[374]Kurtessis J N，Eisenberger R，Ford M T，et al.，2017. Perceived organizational support：A meta-analytic evaluation of organizational support theory[J]. Journal of Management，43(06)：1854-1884.

[375]Kyvik S，1995. Are big university departments better than small ones? [J]. Higher Education，30(03)：295-304.

[376]Kyvik S，2003. Changing trends in publishing behaviour among university faculty，1980—2000[J]. Scientometrics，58(01)：35-48.

[377]Kyvik S，Olsen T B，2008. Does the aging of tenured academic staff affect the research performance of universities? [J]. Scientometrics，76(03)：439-455.

[378]Kyvik S，Teigen M，1996. Child care，research collaboration，and gender differences in scientific productivity[J]. Science，Technology & Human Values，21(01)：54-71.

[379]Laband D，Tollison R，2000. Intellectual collaboration[J]. Journal of

Political Economy, 108(03):632-662.

[380]Laband D N, 1986. A ranking of the top US economics departments by research productivity of graduates[J]. The Journal of Economic Education, 17(01): 70-76.

[381]Ladd Everetb C. 1979. The work experiences of American college professors[J]. Current Issues in Higher Education, 22:135-154.

[382]Landino R A, Owen S V, 1988. Self-efficacy in university faculty[J]. Journal of Vocational Behavior,33(01):1-14.

[383]Lange D, Lee P M, Dai Y, 2011. Organizational reputation: A review [J]. Journal of Management, 37(01): 153-184.

[384]Larivière V, Ni C, Gingras Y, et al., 2013. Bibliometrics: Global gender disparities in science[J]. Nature, 504(7479): 211-213.

[385]Leahey E, 2016. From sole investigator to team scientist: Trends in the practice and study of research collaboration[J]. Annual Review of Sociology, 42: 81-100.

[386]Leahey E, 2006. Gender differences in productivity research specialization as a missing link[J]. Gender & Society, 20(06): 754-780.

[387]Leahey E, Reikowsky R C, 2008. Research specialization and collaboration patterns in sociology[J]. Social Studies of Science, 38 (03): 425-440.

[388]Lee S, Bozeman B, 2005. The impact of research collaboration on scientific productivity[J]. Social Studies of Science, 35(05): 673-702.

[389]Leech N L, Haug C A, Iceman-Sands D, et al., 2015. Change in classification level and the effects on research productivity and merit scores for faculty in a school of education[J]. Studies in Higher Education, 40(06):1030-1045.

[390]Leišytė L, 2016. New public management and research productivity—a precarious state of affairs of academic work in the Netherlands[J]. Studies in Higher Education, 41(05): 828-846.

[391]Levin S G, Stephan P E, 1989. Age and research productivity of

academic scientists [J]. Research in Higher Education, 30 (05): 531-549.

[392]Li B, Shen Y, 2020. Publication or pregnancy? Employment contracts and childbearing of women academics in China[J]. Studies in Higher Education, 47(04): 875-887.

[393]Li E Y, Liao C H, Yen H R, 2013. Co-authorship networks and research impact: A social capital perspective[J]. Research Policy, 42 (09): 1515-1530.

[394]Li F, Tang L, 2019. When international mobility meets local connections: Evidence from China[J]. Science and Public Policy, 46 (04): 518-529.

[395]Li J, Xue E, 2021. Returnee faculty responses to internationalizing "Academic Ecology" for creating world-class universities in China' elite universities[J]. Higher Education, 81(05):1063-1078.

[396]Li M, Yang R, Wu J, 2018. Translating transnational capital into professional development: A study of China's thousand youth talents scheme scholars[J]. Asia Pacific Education Review, 19(02): 229-239.

[397]Li S, Seale C, 2008. Acquiring a sociological identity: An observational study of a PhD project [J]. Sociology, 42 (05): 987-1002.

[398]Lichtman M. Qualitative research in education: A user's guide[M]. Thousand Oaks,CA: Sage,2006.

[399]Light D, 1974. Introduction: The structure of the academic professions[J]. Sociology of Education, 47(01): 2-28.

[400]Lin M J J, Hung S W, Chen C J, 2009. Fostering the determinants of knowledge sharing in professional virtual communities[J]. Computers in Human Behavior, 25(04): 929-939.

[401]Lin M W, Bozeman B, 2006. Researchers' industry experience and productivity in university-industry research centers: A "Scientific and Technical Human Capital" explanation[J]. The Journal of Technology Transfer, 31(02): 269-290.

[402]Lin N, 1999. Building a network theory of social capital [J]. Connections, 22(01): 28-51.

[403]Lin N, Dumin M, 1986. Access to occupations through social ties[J]. Social Networks, 8(04):365-385.

[404]Linsky A S, Straus M A, 1975. Student evaluations, research productivity, and eminence of college faculty [J]. The Journal of Higher Education, 46(01): 89-102.

[405]Long J S, Mc Ginnis R, 1981. Organizational context and scientific productivity[J]. American Sociological Review, 46(04): 422-442.

[406]Long R, Crawford A, White M, et al., 2009. Determinants of faculty research productivity in information systems: An empirical analysis of the impact of academic origin and academic affiliation [J]. Scientometrics, 78(02): 231-260.

[407]Lowman R P, 2010. The changing role of tenure at the American research university[J]. The Psychologist-Manager Journal, 13(04): 258-269.

[408]Lu X, McInerney P B, 2016. Is it better to "Stand on Two Boats" or "Sit on the Chinese Lap"?: Examining the cultural contingency of network structures in the contemporary Chinese academic labor market [J]. Research Policy, 45(10): 2125-2137.

[409]Macfarlane B, Chan R Y, 2014. The last judgement: Exploring intellectual leadership in higher education through academic obituaries [J]. Studies in Higher Education, 39(02): 294-306.

[410]Machamer P, 2004. Activities and causation: The metaphysics and epistemology of mechanisms [J]. International Studies in the Philosophy of Science, 18(01): 27-39.

[411]Machamer P, Darden L, Craver C, 2000. Thinking about mechanisms [J]. Philosophy of Science,67(01): 1-25.

[412]Makino J, 1998. Productivity of research groups-relation between citation analysis and reputation within research communities [J]. Scientometrics, 43(01): 87-93.

[413]Mamiseishvili K, Rosser V J, 2010. International and citizen faculty in the United States: An examination of their productivity at research universities[J]. Research in Higher Education, 51(01):88-107.

[414]Manjounes C K. How tenure in higher education relates to faculty productivity and retention[D]. Minnesota: Walden University, 2016.

[415]Marini G, Yang L, 2021. The research productivity of Chinese academic returnees from the global west: An evaluation of young 1000 talents recipients' productivity[J]. (DoQss Working Paper 21-02)[R]. London: Social Research Institute, UCL Institute of Education, 2021:4-12.

[416]Marsh H W, Hattie J, 2002. The relation between research productivity and teaching effectiveness: Complementary, antagonistic, or independent constructs? [J]. The Journal of Higher Education, 73(05): 603-641.

[417]McAuley J, Duberley J, Cohen L, 2000. The meaning professionals give to management... and strategy[J]. Human Relations, 53(01): 87-116.

[418]McDowell J M, Smith J K, 1992. The effect of gender-sorting on propensity to coauthor: Implications for academic promotion[J]. Economic Inquiry, 30(01): 68-82.

[419]Mcfadyen M A, Cannella A A, 2004. Social capital and knowledge creation: Diminishing returns of the number and strength of exchange relationships[J]. Academy of Management Journal, 47(05): 735-746.

[420]McGee R, 1960. The function of institutional inbreeding[J]. American Journal of Sociology, 65(05):483-488.

[421]McGill M M, Settle A, 2012. Identifying effects of institutional resources and support on computing faculty research productivity, tenure, and promotion[J]. International Journal of Doctoral Studies, 7: 167-198.

[422]Melé D, 2003. The challenge of humanistic management[J]. Journal of Business Ethics, 44(01):77-88.

[423]Melin G, 2000. Pragmatism and self-organization: Research collaboration on the individual level[J]. Research Policy, 2000, 29(01): 31-40.

[424]Merton R K, 1968. The Matthew effect in science: The reward and communication systems of science are considered[J]. Science, 159(3810): 56-63.

[425]Merton R K. On sociological theories of the middle range[M] // Merton R K. Social Theory and Social Structure. New York: Simon & Schuster, The Free Press,1968: 39-53.

[426]Milem J F, Berger J B, Dey E L, 2000. Faculty time allocation: A study of change over twenty years [J]. The Journal of Higher Education, 71(04): 454-475.

[427]Monk-Turner E, Fogerty R, 2010. Chilly environments, stratification, and productivity differences [J]. The American Sociologist, 41(01): 3-18.

[428]Mortimer J T, Simmons R G,1978. Adult socialization[J]. Annual Review of Sociology, 4(01):421-454.

[429]Moschis G P, Churchill Jr G A, 1978. Consumer socialization: A theoretical and empirical analysis[J]. Journal of Marketing Research, 15(04): 599-609.

[430]Moss-Racusin C A, Dovidio J F, Brescoll V L, et al., 2012. Science faculty's subtle gender biases favor male students[J]. Proceedings of the National Academy of Sciences, 109(41): 16474-16479.

[431]Muis K R, Bendixen L D, Haerle F C, 2006. Domain-generality and domain-specificity in personal epistemology research: Philosophical and empirical reflections in the development of a theoretical framework [J]. Educational Psychology Review, 18(01): 3-54.

[432]Mumford M D, Marks M A, Connelly M S, et al., 2000. Development of leadership skills: Experience and timing[J]. The Leadership Quarterly, 11(01): 87-114.

[433]Mumford M D, Scott G M, Gaddis B, et al., 2002. Leading creative

people: Orchestrating expertise and relationships[J]. The Leadership Quarterly, 13(06): 705-750.

[434]Nahapiet J, Ghoshal S, 1998. Social capital, intellectual capital, and the organizational advantage [J]. The Academy of Management Review, 23(02): 242-266.

[435]Ndege T M, Migosi J A, Onsongo J, et al., 2011. Determinants of research productivity among academics in Kenya [J]. International Journal of Education Economics and Development, 2(03): 288-300.

[436]Nederhof A J, 2006. Bibliometric monitoring of research performance in the social sciences and the humanities: A review [J]. Scientometrics, 66(01): 81-100.

[437]Neumann R, 1996. Researching the teaching-research nexus: A critical review[J]. Australian Journal of Education, 40(01): 5-18.

[438]Neumann Y, Finaly-Neumann E, 1990. The support-stress paradigm and faculty research publication[J]. The Journal of Higher Education, 61(05): 565-580.

[439]Ng T W H, Eby L T, Sorensen K L, et al., 2005. Predictors of objective and subjective career success: A meta-analysis[J]. Personnel Psychology, 58(02): 367-408.

[440]Nikunen M, 2012. Changing university work, freedom, flexibility and family[J]. Studies in Higher Education, 37(06): 713-729.

[441]Niland J R, 2010. Allocation of PhD, manpower in the academic labor market[J]. Industrial Relations: A Journal of Economy and Society, 11(02): 141-156.

[442]Nistor N, Daxecker I, Stanciu D, et al., 2015. Sense of community in academic communities of practice: Predictors an effects[J]. Higher Education, 69(02): 257-273.

[443] Northouse P G. Leadership: Theory and practice [M]. 4th ed. Thousand Oaks, CA: Sage, 2007.

[444]Noser T C, Manakyan H, Tanner J R, 1996. Research productivity and perceived teaching effectiveness: A survey of economics faculty

[J]. Research in Higher Education, 37(03): 199-221.

[445]Nygaard L P, 2017. Publishing and perishing: An academic literacies framework for investigating research productivity [J]. Studies in Higher Education, 42(03): 519-532.

[446]Ocasio W, 2010. Attention to attention[J]. Organization Science, 22(05): 1286-1296.

[447]O'Connor P, O'Hagan C, 2016. Excellence in university academic staff evaluation: A problematic reality? [J]. Studies in Higher Education, 41(11): 1943-1957.

[448]Oh J S, Jeng W. Groups in academic social networking services—An exploration of their potential as a platform for multi-disciplinary collaboration [C]//2011 IEEE third international conference on privacy, security, risk and trust and 2011 IEEE third international conference on social computing. IEEE, 2011: 545-548.

[449]Opesade A O, Famurewa K F, Igwe E G, 2017. Gender divergence in academics' representation and research productivity: A Nigerian case study[J]. Journal of Higher Education Policy and Management, 39(03): 341-357.

[450]ORilly C, Chatman J, 1996. Culture as social control: Corporations, culture, and commitment[J]. Res. Organ. Behav, 18: 157-200.

[451]Oshagbemi T, 2000. How satisfied are academics with their primary tasks of teaching, research and administration and management? [J]. International Journal of Sustainability in Higher Education, 1(02): 124-136.

[452]Pajares F, 1996. Self-efficacy beliefs in academic settings[J]. Review of Educational Research, 66(04): 543-578.

[453]Parker L D, Guthrie J, 2005. Welcome to "the Rough and Tumble": Managing accounting research in a corporatised university world[J]. Accounting, Auditing & Accountability Journal, 18(01): 5-13.

[454]Parsons T, Platt G M, 1968. Considerations on the American academic system[J]. Minerva, 6(04): 497-523.

[455]Pasupathy R, Siwatu K O, 2014. An investigation of research self-efficacy beliefs and research productivity among faculty members at an emerging research university in the USA [J]. Higher Education Research & Development, 33(04): 728-741.

[456]Patterson M G, West M A, Shackleton V J, et al., 2005. Validating the organizational climate measure: Links to managerial practices, productivity and innovation[J]. Journal of Organizational Behavior, 26 (04): 379-408.

[457]Patton M Q. Qualitative research & evaluation methods [M]. Thousand Oaks, CA: Sage, 2015.

[458]Pelz D C, 1956. Some social factors related to performance in a research organization[J]. Administrative Science Quarterly, 1(03): 310-325.

[459]Perry R P, Clifton R A, Menec V H, et al., 2000. Faculty in transition: A longitudinal analysis of perceived control and type of institution in the research productivity of newly hired faculty[J]. Research in Higher Education, 41(02): 165-194.

[460]Piercy F, Giddings V, Allen K, et al., 2005. Improving campus climate to support faculty diversity and retention: A pilot program for new faculty[J]. Innovative Higher Education, 30(01): 53-66.

[461]Porac J F, Wade J B, Fischer H M, et al., 2004. Human capital heterogeneity, collaborative relationships, and publication patterns in a multidisciplinary scientific alliance: A comparative case study of two scientific teams[J]. Research Policy, 33(04): 661-678.

[462]Porter S R, Toutkoushian R K, 2006. Institutional research productivity and the connection to average student quality and overall reputation[J]. Economics of Education Review, 25(06): 605-617.

[463]Porter S R, Toutkoushian R K, 2006. Institutional research productivity and the connection to average student quality and overall reputation[J]. Economics of Education Review, 25(06): 605-617.

[464]Porter S R, Umbach P D, 2001. Analyzing faculty workload data

using multilevel modeling[J]. Research in Higher Education, 42(02): 171-196.

[465]Prpić K, 2002. Gender and productivity differentials in science[J]. Scientometrics, 55(01): 27-58.

[466]Putnam R D, 2002. Bowling together[J]. The American Prospect, 13 (03): 20-22.

[467]Quimbo M A T, Sulabo E C, 2014. Research productivity and its policy implications in higher education institutions [J]. Studies in Higher Education, 39(10): 1955-1971.

[468]Ramsden P, Moses I, 1992. Associations between research and teaching in Australian higher education [J]. Higher Education, 23 (03): 273-295.

[469]Rayner S, Fuller M, McEwen L, et al. , 2010. Managing leadership in the UK university: A case for researching the missing professoriate? [J]. Studies in Higher Education, 35(06): 617-631.

[470] Reagans R, Zuckerman E W, 2001. Networks, diversity, and productivity: The social capital of corporate R & D teams [J]. Organization Science, 12(04): 502-517.

[471]Reskin B F, 1977. Scientific productivity and the reward structure of science[J]. American Sociological Review, 42(03): 491-504.

[472]Rey-Rocha J, Garzon-Garcia B, Martín-Sempere M J, 2006. Scientists' performance and consolidation of research teams in biology and biomedicine at the Spanish council for scientific research [J]. Scientometrics, 69(02): 183-212.

[473]Rhoades G, 2001. Managing productivity in an academic institution: Rethinking the whom, which, what, and whose of productivity[J]. Research in Higher Education, 42(05): 619-632.

[474]Rhoades L, Eisenberger R, 2002. Perceived organizational support: A review of the literature[J]. Journal ofApplied Psychology, 87(04): 698-714.

[475]Richard W, 1985. From control to commitment in the workplace[J].

Harvard Business Review, 63(02): 77-84.

[476]Rodgers J R, Neri F, 2007. Research productivity of Australian academic economists: Human-capital and fixed effects[J]. Australian Economic Papers, 46(01): 67-87.

[477]Rodriguez O, 1978. Occupational shifts and educational upgrading in the American labor force between 1950 and 1970[J]. Sociology of Education, 51(01): 55-67.

[478]Rosenbaum P R, Rubin D B, 1983. The central role of the propensity score in observational studies for causal effects[J]. Biometrika, 70(01): 41-55.

[479]Rosser V J, 2004. Faculty members' intentions to leave: A national study on their worklife and satisfaction[J]. Research in Higher Education, 45(03): 285-309.

[480]Rossman G B, Rallis S F. Learning in the field: An introduction to qualitative research[M]. Thousand Oaks, CA: Sage, 2011.

[481]Rost K, 2011. The strength of strong ties in the creation of innovation [J]. Research Policy, 40(4):588-604.

[482]Ryazanova O, Mc Namara P, 2016. Socialization and proactive behavior: Multilevel exploration of research productivity drivers in US business schools[J]. Academy of Management Learning & Education, 15(03): 525-548.

[483]Sabharwal M, 2013. Comparing research productivity across disciplines and career stages[J]. Journal of Comparative Policy Analysis: Research and Practice, 15(02): 141-163.

[484]Saint-Blancat C, 2018. Making sense of scientific mobility: How Italian scientists look back on their trajectories of mobility in the EU [J]. Higher Education Policy, 31(01): 37-54.

[485]Salaran M, 2010. Research productivity and social capital in Australian higher education[J]. Higher Education Quarterly, 64(02): 133-148.

[486]Sarros J C, Gray J, Densten I L, et al., 2005. The organizational

culture profile revisited and revised: An Australian perspective[J]. Australian Journal of Management, 30(01): 159-182.

[487]Sax L J, Hagedorn L S, Arredondo M, et al., 2002. Faculty research productivity: Exploring the role of gender and family-related factors [J]. Research in Higher Education, 43(04): 423-446.

[488]Schofer E, Meyer J W, 2005. The worldwide expansion of higher education in the twentieth century[J]. American Sociological Review, 70(06): 898-920.

[489]Schultz T W, 1961. Investment in human capital[J]. The American Economic Review, 51(01): 1-17.

[490]Schuster J H, 1986. The faculty dilemma: A short course[J]. The Phi Delta Kappan, 68(04): 275-282.

[491]Schwartz-Shea P, Yanow D. Interpretive research design[M]. New York: Routledge, 2012.

[492]Seglen P, Aksnes D, 2000. Scientific productivity and group size: A bibliometric analysis of Norwegian microbiological research [J]. Scientometrics, 49(01): 125-143.

[493]Shalley C E, Jing Z, Oldham G R, 2004. The effects of personal and contextual characteristics on creativity: Where should we go from here [J]. Journal of Management, 30(06): 933-958.

[494]Sheldon K M, Hilpert J C, 2012. The balanced measure of psychological needs BMPN scale: An alternative domain general measure of need satisfaction[J]. Motivation & Emotion, 36(04): 439-451.

[495]Shim S, O'Neal G, Rabolt N, 1998. Research attitude and productivity among faculty at four-year US institutions: A socialization perspective[J]. Clothing and Textiles Research Journal, 16(03): 134-144.

[496]Shin J, Cummings W, 2010. Multilevel analysis of academic publishing across disciplines: Research preference, collaboration, and time on research[J]. Scientometrics, 85(02): 581-594.

[497] Shore S, Groen J, 2009. After the ink dries: Doing collaborative international work in higher education [J]. Studies in Higher Education, 34(05): 533-546.

[498] SimonH A. Administrative behavior: A study of decision-making processes in administrative organizations[M]. New York: Free Press, 1947.

[499] Singh R, Zhang Y, Wan M M, et al., 2018. Why do women engineers leave the engineering profession? The roles of work-family conflict, occupational commitment, and perceived organizational support[J]. Human Resource Management, 57(04): 901-914.

[500]Smeby J C, Try S, 2005. Departmental contexts and faculty research activity in Norway [J]. Research in Higher Education, 46 (06): 593-619.

[501]Smith K, 2012. Fools, facilitators and flexians: Academic identities in marketised environments[J]. Higher Education Quarterly, 66(02): 155-173.

[502]Soler M, 2001. How inbreeding affects productivity in Europe[J]. Nature, 411(6834): 132.

[503]Souba W W, 2003. The new leader: New demands in a changing, turbulent environment [J]. Journal of the American College of Surgeons, 197(01): 79-87.

[504]Spence M, 1973. Job market signaling[J]. The Quarterly Journal of Economics, 87(03): 355-374.

[505] Stack S, 2004. Gender, children and research productivity [J]. Research in Higher Education, 45(08): 891-920.

[506]Stephan P E, Levin S G, 1997. The critical importance of careers in collaborative scientific research[J]. Revue D'économie Industrielle, 79 (01): 45-61.

[507]Strathman J G, 2000. Consistent estimation of faculty rank effects in academic salary models[J]. Research in Higher Education, 41(02): 237-250.

[508]Stretch K L, 1964. Academic ecology: On the location of institutions of higher education[J]. Minerva, 2(03): 320-335.

[509]Stroebe W, 2010. The graying of academia: Will it reduce scientific productivity? [J]. American Psychologist, 65(07): 660.

[510]Stuart T E, Ding W W, 2006. When do scientists become entrepreneurs? The social structural antecedents of commercial activity in the academic life sciences[J]. American Journal of Sociology, 112(01): 97-144.

[511] Su X, 2011. Postdoctoral training, departmental prestige and scientists' research productivity [J]. The Journal of Technology Transfer, 36(03): 275-291.

[512]Sutherland K A, 2017. Constructions of success in academia: An early career perspective[J]. Studies in Higher Education, 42(04): 743-759.

[513]Suutari V, Mäkelä K, 2007. The career capital of managers with global careers [J]. Journal of Managerial Psychology, 22 (07): 628-648.

[514]Takeuchi R, Wang M, Marinova S V, et al., 2009. Role of domain-specific facets of perceived organizational support during expatriation and implications for performance[J]. Organization Science, 20(03): 621-634.

[515]Tashakkori A, Creswell J W, 2007. The new era of mixed methods [J]. Journal of Mixed Methods Research, 1(01): 3-7.

[516]Tenenbaum H R, Leaper C, 2003. Parent-child conversations about science: The socialization of gender inequities? [J]. Developmental Psychology, 39(01): 34-47.

[517]Teodorescu D, 2000. Correlates of faculty publication productivity: A cross-national analysis[J]. Higher Education, 39(02): 201-222.

[518]Thomas P A, Diener-West M, Canto M I, et al., 2004. Results of an academic promotion and career path survey of faculty at the Johns Hopkins University School of Medicine[J]. Academic Medicine, 79(03): 258-264.

[519] Thorsteinsdottir O, 2000. External research collaboration in two small science systems[J]. Scientometrics, 49(01): 145-160.

[520]Tien F F, 2007. Faculty research behaviour and career incentives: The case of Taiwan[J]. International Journal of Educational Development, 27(01): 4-17.

[521]Tien F F, 2007. To what degree does the promotion system reward faculty research productivity? [J]. British Journal of Sociology of Education, 28(01): 105-123.

[522] Tien F F, Blackburn R T, 1996. Faculty rank system, research motivation, and faculty research productivity: Measure refinement and theory testing[J]. The Journal of Higher Education, 67(01): 2-22.

[523] Tierney W G, 1988. Organizational culture in higher education: Defining the essentials[J]. The Journal of Higher Education, 59(01): 2-21.

[524]Toutkoushian R K, Bellas M L, 1999. Faculty time allocations and research productivity: Gender, race and family effects[J]. The Review of Higher Education, 22(04): 367-390.

[525] Toutkoushian R K, Dundar H, Becker W E, 1998. The national research council graduate program ratings: What are they measuring? [J]. The Review of Higher Education, 21(04): 427-443.

[526]Townsend B K, Rosser V J, 2007. Workload issues and measures of faculty productivity[J]. Thought & Action, 23(01): 7-19.

[527]Trampusch C, Palier B, 2016. Between x and y: How process tracing contributes to opening the black box of causality[J]. New Political Economy, 21(05): 437-454.

[528]Trevino L J, Gomezmejia L R, Balkin D B, et al., 2018. Meritocracies or masculinities? The differential allocation of named professorships by gender in the academy[J]. Journal of Management, 44(03): 972-1000.

[529]Tudge J, Mokrova I, Hatfield B E, et al., 2009. Uses and misuses of Bronfenbrenner's bioecological theory of human development [J].

Journal of Family Theory & Review, 1(04): 198-210.

[530]Turns S R, 1991. Faculty research and teaching——A view from the trenches[J]. Engineering Education, 81(01): 23-25.

[531]Uslu B, Welch A, 2018. The influence of universities' organizational features on professorial intellectual leadership[J]. Studies in Higher Education, 43(03): 571-585.

[532]Vaara E, Faÿ E, 2011. How can a Bourdieusian perspective aid analysis of MBA education? [J]. Academy of Management Learning & Education, 10(01): 27-39.

[533]Van der Weijden I, de Gilder D, Groenewegen P, et al., 2008. Implications of managerial control on performance of Dutch academic (bio)medical and health research groups[J]. Research Policy, 37(09): 1616-1629.

[534]Van Dijke M, de Cremer D, Bos A E R, et al., 2009. Procedural and interpersonal fairness moderate the relationship between outcome fairness and acceptance of merit pay[J]. European Journal of Work and Organizational Psychology, 18(01): 8-28.

[535]Vasil L, 1992. Self-efficacy expectations and causal attributions for achievement among male and female university faculty[J]. Journal of Vocational Behavior, 41(03): 259-269.

[536]Von Tunzelmann N, Ranga M, Martin B, et al., 2003. The effects of size on research performance: A SPRU review[R]. Report Prepared for the Office of Science and Technology, Department of Trade and Industry.

[537]Wai J, Cacchio M, Putallaz M, et al., 2010. Sex differences in the right tail of cognitive abilities: A 30 year examination [J]. Intelligence, 38(04): 412-423.

[538]Walton R, 1985. From control to commitment in the workplace. Harvard Business Review, 63(04): 77-84.

[539]Wang M, Degol J L, 2013. Motivational pathways to STEM career choices: Using expectancy-value perspective to understand individual

and gender differences in STEM fields[J]. Developmental Review, 33 (04): 304-340.

[540]Wanner R A, Lewis L S, Gregorio D I, 1981. Research productivity in academia: A comparative study of the sciences, social sciences and humanities[J]. Sociology of Education, 54(04): 238-253.

[541]Waters J L, Leung M. Trans-knowledge? Geography, mobility, and knowledge in transnational education[M] //Jöns H, Meusburger P, Heffernan M., Mobilities of Knowledge. Cham: Springer, 2017: 269-285.

[542]Wayne S J, Liden R C, Kraimer M L, et al., 1999. The role of human capital, motivation and supervisor sponsorship in predicting career success[J]. Journal of Organizational Behavior, 20(05): 577-595.

[543]Webber K L, 2012. Research productivity of foreign-and US-born faculty: Differences by time on task[J]. Higher Education, 64(05): 709-729.

[544]Webber K L, Canché M G, 2015. Not equal for all: Gender and race differences in salary for doctoral degree recipients[J]. Research in Higher Education, 56(07): 645-672.

[545]Wegener B, 1992. Concepts and measurement of prestige[J]. Annual Review of Sociology, 18(01): 253-280.

[546]White C S, James K, Burke L A, et al., 2012. What makes a "research star"? Factors influencing the research productivity of business faculty[J]. International Journal of Productivity and Performance Management, 6(06):584-602.

[547]White H D, Boell S K, Yu H, et al., 2009. Libcitations: A measure for comparative assessment of book publications in the humanities and social sciences[J]. Journal of the American Society for Information Science and Technology, 60(06): 1083-1096.

[548]Williamson I O, Cable D M, 2003. Predicting early career research productivity: The case of management faculty[J]. Journal of

Organizational Behavior, 24(01): 25-44.

[549] Willmott H, 2022. Journal list fetishism and the perversion of scholarship: Reactivity and the ABS list[J]. Organization, 18(04): 429-442.

[550] Wirth L, 1947. Housing as a field of sociological research[J]. American Sociological Review, 12(02): 137-143.

[551] Wolfinger N H, Mason M A, Goulden M, et al., 2008. Problems in the pipeline: Gender, marriage, and fertility in the Ivory Tower[J]. The Journal of Higher Education, 79(04): 388-405.

[552] Wuchty S, Jones B F, Uzzi B, 2007. The increasing dominance of teams in production of knowledge[J]. Science, 316(5827): 1036-1039.

[553] Xie Y, Shauman K A, 1998. Sex differences in research productivity: New evidence about an old puzzle[J]. American Sociological Review, 63(06): 847-870.

[554] Xu Y J, 2008. Gender disparity in STEM disciplines: A study of faculty attrition and turnover intentions[J]. Research in Higher Education, 49(07): 607-624.

[555] Yanow D. Conducting interpretive policy analysis[M]. Thousand Oaks, CA: Sage, 2000: 17.

[556] Yin Z F, Zhi Q, 2017. Dacing with the academic elite: A promotion or hinderance of research production? [J]. Scientomertrics, 110(01): 17-41.

[557] Ylijoki O H, 2013. Boundary-work between work and life in the high-speed university[J]. Studies in Higher Education, 38(02): 242-255.

[558] Ynalvez M A, Shrum W, 2008. International graduate training, digital inequality and professional network structure: An ego-centric social network analysis of knowledge producers at the "global south"[J]. Scientometrics, 76(02): 343-368.

[559] Youn T I K, Price T M, 2009. Learning from the experience of others: The evolution of faculty tenure and promotion rules in

comprehensive institutions[J]. The Journal of Higher Education, 80 (02): 204-237.

[560]Yu C, Frenkel S J, 2013. Explaining task performance and creativity from perceived organizational support theory: Which mechanisms are more important[J]. Journal of Organizational Behavior, 34(08): 1165-1181.

[561]Zhang B, Wang X, 2017. Empirical study on influence of university-industry collaboration on research performance and moderating effect of social capital: Evidence from engineering academics in China[J]. Scientometrics, 113(04): 1-21.

[562]Zhao J, Mccormick J, Hoekman K, 2008. Idiocentrism-allocentrism and academics' self-efficacy for research in Beijing universities[J]. International Journal of Educational Management, 22(02): 168-183.

[563]Zweig D, Wang H, 2013. Can China bring back the best? The Communist Party organizes China's search for talent[J]. The China Quarterly, 215: 590-615.